BUZZ

© 2022, Buzz Editora
© 2022, Marcos Paulo e Pablo Marçal

Publisher ANDERSON CAVALCANTE
Editora TAMIRES VON ATZINGEN
Assistente editorial JOÃO L. ZUVELA
Estagiária editorial LETÍCIA SARACINI
Preparação CRISTIANE MARUYAMA
Revisão LIGIA ALVES, FERNANDA SANTOS
Projeto gráfico ESTÚDIO GRIFO
Assistente de design FELIPE REGIS, NATHALIA NAVARRO

Nesta edição, respeitou-se o novo Acordo Ortográfico da Língua Portuguesa.

Dados Internacionais de Catalogação na Publicação (CIP)
de acordo com ISBD

P331c

    Paulo, Marcos
    Como fazer um milhão antes dos 20 / Marcos Paulo,
    Pablo Marçal.
    São Paulo: Buzz Editora, 2022.
    144 pp.

    ISBN 978-65-89623-80-9

    1. Autoajuda. 2. Dinheiro. 3. Sucesso. I. Marçal, Pablo. II. Título.

2022-523   CDD 158.1
                                                      CDU 159.947

Elaborado por Odilio Hilario Moreira Junior – CRB-8/9949

Índice para catálogo sistemático:
1. Autoajuda 158.1
2. Autoajuda 159.947

Todos os direitos reservados à:
Buzz Editora Ltda.
Av. Paulista, 726 — mezanino
CEP: 01310-100 — São Paulo/ SP
[55 11] 4171 2317 | 4171 2318
contato@buzzeditora.com.br
www.buzzeditora.com.br

MARCOS PAULO
PABLO MARÇAL

COMO FAZER UM MILHÃO ANTES DOS 20

Dedico este livro à minha esposa, Carol Marçal, que, até conseguirmos alcançar o primeiro milhão, precisou suportar o que para ela, na época, era muita loucura. Você sempre foi uma mulher sábia e prudente, que orava para Deus moldar meu coração e me fazer ver n'Ele o meu verdadeiro eu. Dedico aos meus filhos, Lorenzo, Benjamin, Miguel e Isabela, que também foram combustível para eu continuar, pois não se trata de dinheiro e sim de famílias e pessoas. Quem se propõe a lutar e morrer por sua família pode construir, no futuro, uma nação de pessoas fortes que têm prazer em servir outras famílias em favor do Reino.

PABLO MARÇAL

Quero dedicar este livro a meu amigo Pablo Marçal, que confiou em mim (na verdade se sentiu desafiado) quando eu era apenas um desconhecido lá de Goiás. Com ele aprendi muitas coisas e, por causa dele, fui desafiado a aprender várias outras, chegando a ser quem eu sou hoje. Dedico esta obra também à minha mãe e ao meu pai, que me viram passar por diversas situações pelo fato de eu não seguir um caminho profissional como o seguido pela maioria. Mesmo assim, eu sabia que podia contar com eles e que confiavam em mim. É por causa deles que posso falar sobre a minha experiência, para ajudar você a percorrer o seu próprio caminho.

MARCOS PAULO

11	Introdução
17	O caminho está aberto para você
23	A atitude que dá acesso
29	O que é um milhão?
37	Faça toda a diferença: decida!
47	A grande virada
57	O poder do networking
69	Energia e foco na medida certa
80	A vida é um teste
86	O MVP – *Minimum Viable Product* [Mínimo Viável do Produto]
94	Iteração
102	Cérebros fazem sexo
110	Margem e escala
119	O catalisador do milhão: N1, N2, N3
125	Por que as pessoas não atingem o milhão?
135	Ativação final

INTRODUÇÃO

Parece difícil fazer o primeiro milhão, mas na verdade é simples. Imagine como seria correr uma maratona. Embora não seja fácil correr 42 quilômetros, no final é muito tranquilo, e qualquer um pode entender o que é preciso fazer: um passo e depois outro, e depois outro, e depois outro, ao longo de 42 mil metros. E pronto! Você correu 42 quilômetros!

Mas correr essa distância não vai ser uma coisa fácil, porque exige força, dedicação e preparação. Para alcançar seu objetivo, você vai precisar da ajuda de um preparador físico e de um nutricionista. Vai precisar ter boas horas de sono, recusar convites para festas, dispensar viagens e alimentos nada saudáveis para alcançar um corpo ajustado e deixar a homeostase em perfeito estado se quiser completar essa atividade.

É simples construir e seguir o passo a passo. Não existe coisa mais descomplicada que emagrecer. Emagrecer é manter o déficit calórico, o que significa gastar mais calorias do que a quantidade que você ingere diariamente. É simples e você entendeu: "Consigo emagrecer!". Então, você vai lá e faz isso todos os dias. É quando se torna mais desafiador, porque envolve diversos sacrifícios.

Assim como emagrecer, fazer o milhão é super simples, mas não é fácil. Se você quer ter grandes resultados, precisa fazer sacrifícios. Viver de modo inconsistente, ou seja, fazer um dia só e deixar para lá, é fácil. Ser consistente, fazer todos os dias, é difícil. Pessoas de sucesso fazem todos os dias o que os medíocres conseguem fazer ocasionalmente.

Você sabe por que as pessoas que alcançam o sucesso vivem todos os dias com consistência? Porque elas se divertem durante o processo nas atividades que se propõem a fazer. Não devemos escolher nosso objetivo apenas pelo aspecto financeiro, porque a chance de entrar em uma atividade errada é praticamente garantida. E nesse caso você não terá nem consistência nem perenidade.

Vamos entender quais são os motivos que levam pouquíssimas pessoas a atingir seus objetivos com consistência e sucesso.

De acordo com a Pesquisa Nacional por Amostra de Domicílios Contínua (PNAD Contínua) – Rendimento de Todas as Fontes 2019, divulgada pelo Instituto Brasileiro de Geografia e Estatística (IBGE),[1] o rendimento médio mensal do 1% com os maiores rendimentos da população em 2019 era de 28.659 reais, o que correspondia a 33,7 vezes o rendimento da metade da população com os menores rendimentos do Brasil, cujo valor é de 850 reais. Estamos falando de um grupo de três ou quatro pessoas que devem ter um custo de vida alto, com gasto mensal entre 10 e 15 mil reais, ou até mais, e que mesmo com esses recursos não chegarão a ser milionários de fato.

Para chegar ao primeiro milhão, existem alguns princípios que devem ser seguidos. Eu, Marcos Paulo, fiz o meu primeiro antes dos vinte e três anos de idade. Caso você esteja fazendo esta leitura com catorze ou quinze anos, ou mesmo com mais de trinta, quarenta, não importa: estes princípios vão acelerar o processo para você alcançar seu objetivo.

---

[1] "PNAD Contínua 2019: rendimento do 1% que ganha mais equivale a 33,7 vezes o da metade da população que ganha menos." Agência IBGE Notícias. Maio 2020. Disponível em: https://agenciadenoticias.ibge.gov.br/agencia-sala-de-imprensa/2013-agencia-de-noticias/releases/27594-pnad-continua-2019-rendimento-do-1-que-ganha-mais-equivale-a-33-7-vezes-o-da-metade-da-populacao-que-ganha-menos.

Se você vende suas horas em troca de dinheiro, fica quase impossível se tornar milionário. Um médico, por exemplo, mesmo que receba mil reais por hora e trabalhe quarenta horas por semana, dificilmente será um milionário. Vamos falar melhor a respeito disso no capítulo sobre escala e margem.

Os capítulos deste livro descrevem princípios para orientar você nessa caminhada rumo ao seu primeiro milhão, por isso vamos falar de produtos ou serviços escaláveis, de alta margem de lucro, de acesso e de habilidades. De nada adianta conhecer os princípios e não saber usá-los. Se dermos o melhor martelo do mundo para um marceneiro e ele não souber manusear a madeira, não vai conseguir construir um guarda-roupa; em contrapartida, um marceneiro caprichoso, mesmo com um martelo ruim, consegue fazer um bom guarda-roupa. Não adianta ter uma boa ferramenta e não saber usá-la corretamente. A pessoa é mais importante do que a ferramenta em si.

Existem pelo menos três tipos de situações ou problemas comuns na vida pessoal e empresarial dos quais você precisa estar ciente caso queira se tornar um milionário:

1) ignorância;
2) acesso;
3) habilidade.

IGNORÂNCIA

Definimos o ignorante como aquele que desconhece algum assunto específico. O oposto disso é o indivíduo que educa sua mente para cada vez obter mais conhecimento.

Como exemplo prático, em nossa empresa, tínhamos uma situação-problema com as senhas que eram compartilhadas. Um erro, e não tínhamos conhecimento da existência de uma ferramenta própria para resolver a questão. Então, encontramos o *LastPass,* um *software* gerenciador de senhas. Agora o time não precisa mais decorar as senhas, e o programa agrega segurança e protege os dados da empresa. Pronto, saímos do estágio da ignorância para chegar ao acesso.

ACESSO

Ainda se referindo ao mesmo exemplo, o acesso seria a aquisição do produto. Esse acesso poderia ter sido impedido caso não houvesse recursos para pagar a mensalidade referente ao uso do *software*. Como descobrimos a ferramenta ideal e a compramos, vencemos os dois problemas iniciais. Ter acesso é conseguir tomar posse da solução.

USABILIDADE

Essa é a pior situação, e acontece quando se tem a resolução dos dois primeiros problemas: o da ignorância e o do acesso. Muitas pessoas pulam de *software* em *software*, ou de livro em livro, ou de dieta em dieta, achando que a solução está na próxima ferramenta, mas não colocam em prática o que já sabem.

 O petróleo, por exemplo, antes de ser conhecido, estava na fase da ignorância; a partir do momento em que foi descoberto, bem como suas ferramentas e seu potencial, foi para o estágio do acesso. Depois começou a fase da usabilidade, ou seja, o momento de utilizar o petróleo com as ferramentas, tornando-o útil para novos resultados. Do mesmo modo ocorreu com o metal, com o ouro e com muitos outros recursos naturais.

Pessoas de sucesso conseguem fazer todos os dias o que pessoas medíocres fazem ocasionalmente!

Um milionário reconhece esses três tipos de problemas e os vence. Com este livro nas mãos, você vai vencer a ignorância, o acesso e esperamos que vença a usabilidade também. O caminho está aberto para você fazer uso do que está disponível. Pode ser que, em alguns momentos, você tenha se tornado descrente e concluído que seria impossível se tornar um milionário, mas, ao comprar este livro, você matou sua ignorância em relação ao assunto e agora dispõe dos princípios necessários para alcançar a solução. A questão é que simplesmente ler e ter acesso aos princípios não será suficiente. Você vai precisar usá-los e aplicá-los no contexto em que vive. Não ignore o milhão: ele está muito mais ao seu alcance do que você imagina.

Se alguém conseguiu, você também pode!

Uma pessoa sempre será inspiração para outra, e você pode inspirar muitas pessoas no futuro também. Este é o primeiro passo: a crença! Mas ter a crença e não ter acesso à solução e aos princípios envolvidos de nada adiantará. A crença por si só não faz as coisas acontecerem, não faz brotar o milhão. É necessário usar e executar passos específicos, e foi por isso que este livro foi escrito. Elaboramos tarefas por meio das quais você poderá aplicar os princípios que descrevemos aqui; se você não realizar essas tarefas, será alguém que venceu a ignorância e o acesso, mas foi barrado na usabilidade — ela terá separado você do primeiro milhão.

A ideia para este livro veio a bordo de um avião, enquanto viajávamos de Orlando para Las Vegas. Nossa amizade começou durante uma palestra. Marcos estava sentado na primeira fileira e me chamou, Pablo, para me mostrar uma falha que eu estava cometendo em um negócio que já faturava milhões de reais. Ao fazer a crítica, logo percebi que seríamos sócios. Juntamos nossos recursos internos e, desde então, fizemos centenas de milhares de reais e de dólares. Começamos a escrever esta obra em janeiro de 2020, e mal sabíamos que no fim daquele mesmo ano faturaríamos mais de 220 milhões de reais no conglomerado empresarial. No ano em que escrevemos o livro, faturamos múltiplos milhões. Qual é a simplicidade nisso tudo? O Marcos me acessou! Queremos contar essa história, porque você precisa acessar pelo menos três coisas: seus bens naturais, outras pessoas e a sua espiritualidade.

Agora vamos embarcar em uma viagem muito louca juntos!

O CAMINHO ESTÁ ABERTO PARA VOCÊ

Todo mundo, em algum momento da vida, com certeza já teve acesso a alguns conteúdos apresentados neste livro, mas nunca da maneira tão clara e detalhada como vamos abordar. Nossa intenção é ensinar um passo a passo que ajude você a descobrir o que o impede de obter novos resultados, mesmo sabendo que todos nós temos a capacidade e o merecimento para alcançá-los. Nossa missão não é apresentar algo novo, mas sim mostrar o que você ainda não enxerga.

Depois que nos conectamos com pessoas prósperas e ativamos o primeiro milhão, tivemos certeza de algo que já imaginávamos. Foi uma longa busca por uma resposta, por algo novo. O que faltava era enxergarmos o que já existia, que se define em duas palavras: *acessibilidade* e *abundância*. O fato é que muitas vezes não conseguimos conexão com a fonte porque existem algumas camadas que nos impedem de acessar esse conhecimento.

> O que você precisa para prosperar já está dentro de você!

Certamente você já ouviu alguém falar que a água doce no mundo está acabando, mas essa informação não é verdadeira. Não há falta de água no mundo, porque ela é abundante, assim como o dinheiro e a prosperidade. Toda água salgada pode ser convertida em água doce, então não existe falta. O que existe é a falta de acesso à informação: é fundamental descobrir como transformar água salgada em doce. Outra prova de que nunca haverá essa escassez é o Sistema Aquífero Guarani, que contempla quatros países da América do Sul, entre eles o Brasil. Em nosso país, esse reservatório passa por oito estados brasileiros e é considerado um dos maiores mananciais de água doce subterrânea do mundo, sendo uma importante e estratégica reserva para o abastecimento da população mundial. Essa é uma informação que não é divulgada, mas é uma verdade.

A falta de acesso a informações pertinentes nos leva a crer no que é dito por aí. Não está faltando água no mundo; esse recurso não é escasso. Queremos que você entenda: o problema é nossa falta de acessibilidade à informação e à fonte de água. O mesmo acontece com relação à falta de dinheiro: não há escassez; o problema está na falta de acessibilidade a ele.

Temos uma imensa quantidade de petróleo disponível no pré-sal, mas ainda não dispomos de tecnologia suficiente para acessá-lo. Tecnologia é acesso, e essa é uma das coisas que precisamos entender. Você tem o seu alvo, mas falta a tecnologia para acessá-lo! Não há quase nada novo: você só precisa alcançar o que já existe. A novidade será o caminho para chegar lá. Assim como a água, o petróleo, o alumínio e o ouro, todos os recursos naturais já existem. Há recursos naturais dentro de nós, e, por estarem dentro de nós, não precisamos de tecnologia para acessá-los.

Para alcançar algo que desejamos, precisamos de tecnologia.

Ao descobrirmos como chegar até nossos recursos, podemos usá-los fartamente, a ponto de produzir riquezas e de prosperar na Terra. Quando entendemos isso e cultivamos um pensamento de abundância, sabendo que nada nos falta, começamos a sair do lugar-comum e atingimos outros níveis de prosperidade.

O caminho para conquistarmos e tomarmos posse do nosso recurso natural está em alguém que ainda não conhecemos. Precisamos nos conectar com novas pessoas, ativar nosso networking. Este é uma espécie de GPS que nos levará ao nosso destino.

Há também a revolução do produto, do serviço e do acesso. Existem empresas que vendem um ou mais dos itens que mencionamos, mas que não possuem nenhum produto ou serviço próprio à venda. Estamos falando da Amazon, por exemplo, uma empresa que vende acessos. Do mesmo modo funcionam a Airbnb e a Uber. Nunca poderíamos imaginar que a maior empresa de transporte do mundo não teria um único veículo próprio, ou que uma grande plataforma de vendas pela internet não teria um único produto dela mesma, apenas de outros. O mesmo ocorre com a empresa líder em hospedagem, que não possui um quarto de hotel sequer.

Tudo isso acontece por meio da *acessibilidade*, um processo pelo qual é possível que as pessoas encontrem o que estão procurando, o que as levará a se destacarem das demais. De posse desse conceito, podemos começar a explorar dentro de nós, entendendo o espaço em branco que existe em nossa cabeça e desenvolvendo maneiras de acessá-la, a fim de encontrar os nossos recursos naturais escondidos.

TAREFAS

Com quais pessoas você precisa se conectar para acessar códigos que ainda não identificou em si mesmo?

_____
_____
_____
_____
_____
_____
_____
_____
_____

Liste pelo menos cinco pessoas com quem deseja se conectar e escreva de que modo você se conectará a elas.

_____
_____
_____
_____
_____
_____
_____
_____
_____
_____

A ATITUDE QUE DÁ ACESSO

Nossa missão é dar acesso a você.

Se você começou esta leitura, está se conectando com a nossa história. Com isso, está saindo na frente, uma vez que não tivemos um conteúdo como este à nossa disposição quando iniciamos nossa jornada, algo que certamente teria trazido resultados de modo muito mais rápido. Qual é a sua vantagem neste exato momento? Acessar o que construímos! E nós não construímos nada do zero; partimos de algo que já existia.

A verdade sobre o acesso é que não precisamos inventar nada. Thomas Edison acessou a lâmpada ao observar os raios solares e entender que, na natureza, tudo se baseia numa troca de energia. O lance foi que Edison conseguiu forçar a natureza a dar o código da lâmpada depois de tentar milhares de vezes. É nesse ponto que encontramos a falha da maioria das pessoas em relação ao próprio acesso: elas param de tentar porque acham que não conseguirão.

Quando tentamos ligar o computador sem saber a senha, não conseguimos obter as informações que estão armazenadas na máquina. É por isso que os *hackers* quebram protocolos, descobrem senhas e chegam ao que mais interessa: às informações. Está na hora de decifrar os códigos do seu próprio computador, senão você corre o risco de ter suas valiosas informações hackeadas. Talvez você não saiba que passou a vida inteira dando acesso aos *hackers*, que podem ser, por exemplo, pessoas que pagam a você um salário para usufruir de todos os seus recursos naturais.

Quando passamos a ter consciência plena, não fica faltando mais nada para darmos a grande virada em nossa vida. Nesse momento, o que realmente importa não é o recurso, é o acesso! Assim que compreendemos o que é prosperidade, o foco não é o recurso, mas a maneira de chegar até ele. A partir do momento em que temos fé e acreditamos que tudo de que precisamos está prontamente esperando por nós, e que a nossa mente identifica o recurso abundante, nada mais é impossível. O que nos resta é encontrar a maneira de tomar posse do que já existe, acessar e, a partir daí, mudar tudo.

> **Adquira consciência plena e destrave o código da abundância, como todos os milionários já fizeram.**

A grande maioria das pessoas não tem consciência de que é capaz de possuir um milhão de reais. Elas acreditam que isso é impossível, desconhecem que só precisam do acesso aos seus próprios recursos e passam a vida recolhendo migalhas. Se você é alguém com pensamentos como esse, queremos dizer que está enganado: o dinheiro está disponível para todos. A partir do momento em que temos convicção plena disso, basta seguirmos os princípios compartilhados neste livro.

Você precisa destravar a chave, pois a riqueza já está disponível. Como uma porta fechada com um cadeado e que precisa ser aberta, devemos descobrir como destrancar, desvendar a senha ou encontrar uma solução. Se for necessário, reconfigure, use um grampo de cabelo, seja um *hacker*, mas não desista de acessar as informações que estão dentro de você. Tenha fé; você precisa dela para acreditar que esse banco de dados existe e está à sua disposição.

> **Pode ter certeza de que o fundamental é acessar o seu interior.**

TAREFAS

Você já viveu a experiência de parar e olhar para dentro de si mesmo? Consegue identificar o que realmente está buscando?

Faça uma lista com os recursos que estão no seu interior e que você já identifica como potenciais. Adicione também aqueles que você precisa desenvolver para atingir o próximo nível.

O QUE É UM MILHÃO?

Antes de saber o que é um milhão, é importante responder sinceramente o que isso representa para você. Muitas pessoas acham que só pode ter uma quantia como essa quem nasceu em berço de ouro ou aprendeu a fazer mágica. Você nunca vai alcançar seu primeiro milhão enquanto olhar para essa conquista sob a perspectiva de um trabalhador assalariado.

É nisso que reside o problema, porque quase todos nós fomos programados para ser trabalhadores braçais, que repetem comandos e aplicam seus conhecimentos em algo que traz resultado para outros, fazendo parte do processo de enriquecimento de uma minoria. Com o passar dos anos, essas pessoas percebem que, não importa o quanto se esforcem, as dívidas aumentam, assim como as doenças do corpo e da alma. Alguns se destacam por adquirir a casa própria e ter um carro quitado, e se enganam afirmando para si mesmos que são bem-sucedidos porque chegaram mais longe do que seus pais. É assim que se aniquila na própria mente o que é ser uma pessoa milionária.

Siga este código poderoso: faça a conquista se tornar possível e divertida na sua mente, e então será mais fácil conquistar seu primeiro milhão.

Antes de falarmos sobre ser uma pessoa milionária, vamos contar o que é *o milhão*. Quando nós dois, Marcos e Pablo, descobrimos qual era o real sentido desse montante, isso fez uma grande diferença, porque se tornou possível conquistá-lo. O trabalhador que depende de um salário mensal e que tem um teto de rendimentos sente um baque ao ouvir falar em milhão, mas uma pessoa disruptiva, ousada e irreverente não trata essa ideia do mesmo modo que um trabalhador assalariado. Para esse indivíduo, é como uma brincadeira, que torna prazerosa, simples e natural a conquista do seu primeiro milhão.

Você deve ter estranhado o fato de falarmos em brincadeira, mas, se não se divertir ao longo do processo, você irá desistir. Você não terá consistência se pensar somente no objetivo final. Esse é o código. Seu cérebro vai trabalhar como louco, motivado pela busca por satisfação, e muito antes do que imagina vai acontecer. Seu primeiro milhão será uma realidade.

Um milhão nada mais é que um esforço, uma energia.

Se você tem uma ideia que hoje vale mil reais, como faz para descobrir seu verdadeiro valor?

O segredo é analisar essa ideia de acordo com a relevância de quem a gerou e também conforme os valores que o mercado vem pagando. Ou seja: relevância × mercado.

A relevância tem a ver com quem teve a ideia. Outras pessoas podem ter ideias parecidas, contudo não têm a mesma credibilidade; logo, para o mercado, as ideias delas não valem nada. Porém, se o indivíduo em questão for alguém de destaque, o mercado vai pagar. E a ideia de mil reais, com a credibilidade capaz de apresentá-la para um público gigante, pode se transformar em um milhão.

Vamos conhecer alguns dados importantes sobre o mercado digital. De um ponto de vista conservador, para vender um produto para mil pessoas, é necessário que, no mínimo, cem mil pessoas vejam o anúncio desse produto. Se um por cento dessas pessoas comprarem aquela nossa ideia de mil reais, bateremos um milhão.

Mas como eu faço isso?

O primeiro ponto é a relevância: como ser visto por cem mil pessoas? Você pode fazer uso dos meios tradicionais de divulgação, mas o problema é que será inviável, financeiramente, veicular um anúncio na mídia tradicional e atingir cem mil pessoas para que elas prestem atenção nele. Antes de falarmos sobre o mercado digital, é imprescindível que você entenda que o processo percorrido para chegar ao milhão é o mesmo para o mercado digital ou o tradicional.

> **O milhão não faz diferença se estamos falando do mercado digital ou do tradicional.**

Guarde essa informação, pois o princípio é o mesmo para qualquer mercado. Você sempre precisará acessar seus recursos internos e tornar sua jornada prazerosa. Não importa se o seu negócio é fabricar pão ou vender serviços, se é físico ou virtual.

Para se ter uma ideia, em 1902 o magnata norte-americano John D. Rockefeller tinha uma fortuna que hoje seria superior a quatrocentos bilhões de dólares. Isso significa que há mais de cem anos alguém bateu a casa do bilhão. Então, faz muito tempo que o bilhão é uma coisa mais comum do que podemos imaginar, embora talvez não seja comum para quem, até ontem, achava que se trata de algo inatingível.

Agora temos um novo conceito.

O milhão é um esforço encapsulado por uma ideia, que precisa transformar alguém e ser tão boa que mil pessoas precisarão dela.

Voltando a falar da nossa ideia, para que mil pessoas tenham interesse em comprá-la, precisamos divulgá-la para um grupo bem maior. Há quem diga "Minha ideia não vale mil", e não tem problema. Comece com uma ideia de quinhentos. Nesse caso precisaremos que duas mil pessoas invistam nela. O mesmo acontece com a ideia de cem reais: dez mil pessoas precisarão comprá-la. A escala vai sempre aumentando.

Sem a multiplicação, uma ideia não vale nada. Precisamos primeiro entender quem somos e acreditar que existe riqueza dentro de nós. O segundo passo é entender o patamar em que está o seu nível de energia, de influência e de conexão, o que o ajudará a gerar relevância. Só então nos tornamos capazes de transformar em produção a ideia que está dentro de nós. Nunca se esqueça de que existem muitas pessoas com grandes ideias mas com baixa relevância, o que as impede de multiplicar.

Uma ideia nunca vale um milhão: vale muito menos do que imaginamos. Uma bacia cheia de ideias vale menos de dez centavos, pois só tem valor aquilo que foi, anteriormente, testado e validado. É preciso rodar um MVP — *Minimum Viable Product* [Mínimo Viável do Produto]. Não vamos nos apegar a esse conceito ainda, mas à sua utilização na prática: o MVP é como um teste. E a vida também é um teste.

> **O milhão não é um bicho de sete cabeças; é um esforço que, por meio do trabalho certo, alguns conseguem alcançar.**

Para atingir o milhão, é fundamental empacotar uma solução e entregá-la em larga escala. Deve ser uma escala equivalente, incompatível com o número de horas do seu dia, com o número de horas que você tem disponível. Pouquíssimas pessoas no mundo vão atingir um milhão, porque isso é impossível se você estiver trocando as suas horas por valor agregado. Você deve empacotar energia em algum produto ou solução, e comercializá-lo em escala suficiente.

Para resolver essa questão, é necessário seguir alguns princípios básicos, e um deles é a escala. O processo é mais simples do que podemos imaginar: basta ter acessibilidade ao conhecimento sobre as várias maneiras de escalonar uma ideia ou produto, atingindo, assim, o seu tão desejado milhão. Nos capítulos seguintes vamos falar sobre os três níveis que precisam ser atingidos até alcançar a riqueza.

TAREFAS

Divertir-se na jornada é fundamental para que o caminho rumo ao primeiro milhão não seja um fardo. Como você pretende se divertir nesse processo que está iniciando?

_____
_____
_____
_____
_____
_____

Você já parou para calcular quantos produtos ou serviços de X valor terá que vender a Y pessoas para atingir seu primeiro milhão? Essa conta é mais simples do que você imagina. Se eu vender cursos de mil reais para mil clientes, terei um milhão. Mas também posso vender treinamentos de dois mil para quinhentas pessoas ou vice-versa. Qual será a sua estratégia para atingir o seu milhão?

_____
_____
_____
_____
_____
_____
_____

FAÇA TODA A DIFERENÇA: DECIDA!

A vida é feita de decisões; essa é uma grande e poderosa verdade. Decidir significa matar algo, aniquilar a outra possibilidade existente, aquela que nos faria agir de forma diferente. Se não fizermos determinada escolha e não matarmos a outra opção, talvez ela faça isso conosco. Quando não escolhemos, somos escolhidos.

As decisões e escolhas moldam a nossa vida. Aquilo que nos traz orgulho não foi alguém que nos deu, é fruto das nossas decisões assertivas. Não confunda gratidão com orgulho. Podemos pensar que somos abençoados pelos pais que temos, pela nossa família, e que nada disso foi escolha nossa, mas não devemos entender tudo isso com uma mentalidade pequena. Afinal, são duas situações diferentes, com sentimentos e emoções distintos. Quando alguém nos dá algo, não é orgulho que sentimos, mas gratidão — ou pelo menos deveria ser assim. Se somos abençoados pela família que temos, somos gratos.

O orgulho sempre vem de uma tomada de decisão. Se sentimos orgulho de alguns fatos da nossa vida, pode ter certeza de que foi porque perseveramos. Deus nos deu certas capacidades e nos direciona em muitas coisas, mas o orgulho é causado pelas decisões difíceis que tomamos para alcançar nossas conquistas. Já a gratidão é diferente: nós a sentimos quando recebemos algo, algo que nos foi dado, algo pelo que fomos abençoados. Pode ser um cuidado de Deus ou um legado dos nossos pais, por exemplo. Deus pode nos dar tudo se Ele quiser, mas, acredite, há muitas coisas que nós mesmos podemos fazer e conquistar. A parte de Deus é realizar o que é impossível para o homem.

Quem não vive por decisão vive por condição.

Nosso cérebro se esforça para manter a condição, cultivando certo padrão comportamental. Vivendo dessa maneira, nunca correremos o risco de quebrar, mas também nunca correremos o risco de mudar de vida. Manter a condição significa repetir a própria história. Se você deseja viver desse jeito, pare de ler este livro agora. A decisão de estar lendo esta obra, tenha você menos de vinte ou mais de noventa anos, é parte de fazer o que propõe o título do livro. Idade não é motivo para desânimo, pelo contrário, e os códigos que estão sendo liberados aqui funcionam independentemente do momento que esteja vivendo. Se nós, os autores, tivéssemos tido acesso a essas informações e instruções, se as tivéssemos aprendido por meio da experiência de alguém, teríamos alcançado um baita resultado muito antes do que alcançamos.

O processo de decisão é tão intenso que a raiz da palavra, "decisio", remete a uma ação.

Vamos analisar quem são as pessoas que apresentam as opções para nós, lembrando que ninguém tem obrigação de nos dar as opções; nós é quem temos de criá-las, fazendo perguntas e matando cada uma delas. Esse código é um dos mais fortes para alcançarmos o que desejamos. Acreditamos que não existe um caminho sem a tomada de decisões.

> **Decidir dá frio na barriga porque significa criar algo que nunca experimentamos. É fugir da condição, que significa repetir aquilo que já vivemos.**

Daqui para a frente, até o final deste livro, você vai conhecer algumas decisões pontuais que tomamos e foram difíceis. Elas serão apresentadas de acordo com a ordem dos acontecimentos, mas não vamos alongar história nenhuma: apenas contaremos a decisão e o impacto. Preste muita atenção a cada uma delas.

PABLO

Vou compartilhar com você a primeira grande decisão que eu, Marçal, tomei na vida, que foi trabalhar em uma multinacional como atendente. Eu me apresentei para o processo seletivo sem ter sido convidado: vi uma grande fila na porta da companhia, perguntei do que se tratava e decidi que queria uma oportunidade naquela empresa. Convenci o guarda a colocar meu nome na lista de candidatos para a entrevista, e, quando estava fazendo a prova de seleção, alguém entrou na sala e perguntou: "Vocês querem ir para outra área?". Questionei: "Ganha mais?". Quando ouvi que "sim", fui para a outra sala, fiz uma prova, passei e já entrei sendo promovido.

O grande segredo é a decisão. Naquele dia eu estava do outro lado da rua, fazendo a inscrição para entrar no curso faculdade de direito, e, quando saí, deparei com a fila gigantesca para a seleção da

Brasil Telecom. Aquela foi uma das melhores decisões que eu tomei: permaneci na empresa por oito anos e fui o mais jovem executivo em meio a duzentos mil funcionários. Foi um momento intenso por causa da decisão de olhar para o lado e, diante da necessidade de ter uma fonte de renda para pagar a faculdade, atravessar a rua e agir.

Na vida, todos tomamos decisões. Algumas são fáceis, outras nem tanto, mas as que causam impacto são as mais difíceis de tomar.

MARCOS

Eu, Marcos, tomei muitas decisões relevantes, por exemplo, ingressar em uma universidade federal e comandar a empresa da família, uma imobiliária, que estava me ajudando a construir meu futuro. Quando eu cursava o terceiro período de engenharia civil no Instituto Federal de Goiás (IFG), era um aluno exemplar, e minha média era A (média global de 8,6). Nessa época eu já tinha a minha empresa, e foi quando tomei uma decisão que mudaria o meu futuro. Decidi largar a faculdade e me dedicar ao meu próprio negócio, porque tive a percepção de que terminar o curso e seguir pelo mesmo caminho da maioria das pessoas, para mim, seria matar a melhor opção que havia. Então, optei por empreender e escalar, pois naquele momento da vida já ganhava mais que um engenheiro júnior recém-formado. Abandonar a faculdade foi um risco calculado, contudo precisei enfrentar todas as críticas e a pressão familiar para me dedicar a um negócio que pudesse me proporcionar a independência que eu tanto desejava.

Foi uma decisão importante e difícil, porque eu estava abandonando o sonho de muitos jovens: estudar em uma universidade federal. O fato de ser um bom aluno foi um fator que me fez refletir bastante, mas acabei percebendo que seguir aquele caminho seria muito pior que abandoná-lo.

Aquele era o segundo curso universitário que eu estava abandonando. Consegue entender o tamanho da pressão que eu estava sofrendo no momento de tomar essa decisão? Eu já havia cursado alguns meses de engenharia de controle e automação (mecatrônica) no IFG. Desorientado profissionalmente, voltei para o cursinho, passei de novo em um vestibular concorrido, estudei mais um ano e meio antes de abandonar a faculdade outra vez.

Diante da minha situação atual, posso afirmar com propriedade que o seu milhão não está nos cursos promissores do momento, naquela profissão que confere a você certo *status*, tampouco no peso de um diploma universitário. Ele está exatamente onde estão concentradas as suas habilidades. Um milhão é consequência das nossas *skills*. Se eu tivesse me formado em engenharia, não estaria focado nas minhas verdadeiras habilidades, e sim naquilo que era pregado pelo curso, o que era mais óbvio e mais confortável. A decisão de abandonar tudo e romper com qualquer coisa que me impedisse de vislumbrar outras possibilidades foi o que me libertou, me fez acessar novos caminhos e ter o conhecimento necessário.

> **O conhecimento de suas riquezas internas e a tomada de decisões são os pontos de partida para ativar alguns milhões.**

Resolvemos compartilhar nossas decisões com um único objetivo: inspirar. A primeira decisão importante que ambos tomamos foi a de mudar a rota. Assim como o Marcos, eu, Pablo, iria cursar engenharia, mas resolvi fazer direito, e tudo mudou. Não tive a mesma sorte que o Marcos e, por causa de um ponto em biologia, não entrei em uma universidade federal. Isso mexeu com a minha cabeça e me fez mudar radicalmente de rota. Quando comecei a faculdade particular de direito, entrei na Brasil Telecom e tive uma rápida ascensão. Não abandonei o curso, me formei e tenho o diploma bem guardado, no entanto abandonei moralmente a profissão. Do quinto período em diante, não me importava mais com o que estava aprendendo, "empurrei com a barriga" até me formar. Confesso que hoje, olhando para trás, gostaria de ter abandonado o curso também, pois ele deixou de fazer sentido pra mim.

Enquanto eu estava crescendo na Brasil Telecom, o networking aumentava e as decisões também. Com isso, comecei a empreender mesmo estando na empresa. Então, eu tinha três roteiros funcionando ao mesmo tempo: o primeiro era a faculdade, com planos de ser um delegado federal; o segundo era o crescimento na Brasil Telecom, onde eu havia me tornado um grande gestor; e o terceiro caminho era como empreendedor, pois eu tinha um negócio em andamento fora da companhia. Eu não sabia em qual focar, só sabia que uma dessas rotas teria que ser sacrificada — nem preciso dizer que foi o bacharelado em direito.

Interessante que, depois de cinco anos, terminei a faculdade, abri um escritório e não demorei muito para fechá-lo, pois logo percebi que minha carreira na multinacional era muito mais atraente e promissora que os desafios de um novo escritório de advocacia. Soltei o pino daquele vagão e da locomotiva da minha vida e, assim, deixei para trás o diploma tão sonhado por muitos. Passado algum tempo, percebi que meus negócios particulares me levariam a outro ponto e, dessa vez, soltei o vagão da Brasil

Telecom. Posso afirmar que o que tenho feito de melhor até hoje é soltar o pino do vagão. Entenda "soltar o pino do vagão" como tomar decisões importantes. Essa é a tarefa. Existem vagões que carregamos, muitas vezes tão pesados que nem farão mais sentido na chegada, tampouco no cumprimento do nosso propósito.

Eu não estaria compartilhando minha história com você se ainda estivesse naquele escritório de advocacia. Olhando para o mundo dos negócios, essas foram escolhas importantes que precisei fazer para viver tudo de que desfruto hoje. Outra decisão indispensável para o meu avanço foi me casar com a Carol, pois a partir daquele momento me tornei um homem de fato e amadureci muito mais rápido.

Aprendi que as decisões podem mudar o rumo da nossa história. Um dia, ao ser agredido fisicamente por um gestor na Brasil Telecom, fiz uma escolha que considero importante: a de não abrir um processo judicial ou trabalhista, apesar de ter todos os motivos do mundo para fazê-lo. Na verdade esse processo seria uma grande oportunidade de fazer meu primeiro milhão, mas decidi ressignificar tudo aquilo, ser resiliente e não seguir a regra. Passados alguns anos, após fazer vários milhões, percebi que as pessoas que decidiram processar a empresa até hoje não prosperaram. Além disso, algumas delas ainda carregam uma grande ferida na alma, causada naquele ambiente.

Não viva por condição, viva por decisão!

TAREFAS

Que condição você decide abandonar neste exato momento da sua vida? Por quê?

_____
_____
_____
_____
_____
_____
_____
_____
_____
_____

Qual é a sua decisão a respeito dos seus resultados, independentemente de tudo o que já tenha vivido?

_____
_____
_____
_____
_____
_____
_____
_____
_____
_____
_____

A GRANDE VIRADA

Depois de abandonar a faculdade, eu, Marcos, tomei outra grande decisão: fiz uma dívida de quarenta mil reais. As pessoas comuns viram nisso uma loucura. Confesso que senti muito medo, frio na barriga. Eu tinha 21 anos e fiz isso escondido dos meus pais, pois sabia que eles não iriam entender e muito menos aceitar. Desde o princípio encarei essa dívida como um investimento de alavancagem, pois investi o valor para ter acesso a um grupo seleto de pessoas de alto nível do marketing digital. Sem ter o dinheiro para o investimento, parcelei o pagamento em dez vezes, ou seja, iniciava todos os meses já devendo quatro mil reais sem ter a certeza de que conseguiria pagar.

Com medo de contar para as pessoas e ser criticado, guardei para mim a informação sobre o empréstimo. Um dia, quando estava indo a uma festa com um dos meus melhores amigos, o Matheus, decidi me abrir com ele, pois não aguentava mais. Ele me esculachou: "Liga lá e pega seu dinheiro de volta. Você é louco, isso é esquema de pirâmide. Meu pai já perdeu dinheiro assim".

Esse amigo me desmotivou muito, mas no fim deu tudo certo, tanto que estou aqui contando essa história.

Nessa mesma festa acabei conhecendo o dono da casa, que inicialmente me chamou a atenção por estar muito bêbado, além de parecer prepotente e arrogante. Porém, em um dos momentos de conversa, ele virou uma grande chave em minha mente. Uma delas ajudou a destravar o primeiro milhão. Ele nos perguntou, alterado pela bebida: "Quem são os três melhores caras de Goiânia?". Olhei para o Matheus e falei: "Sei lá. Gusttavo Lima, Luan Santana...". Sua resposta, em alto e bom tom, foi: "CLARO QUE NÃO! Se nós três não acreditarmos que somos os melhores, quem é que vai acreditar por nós? Somos os melhores caras de Goiânia!". Essa foi a primeira mudança. Eu pensei: *O cara está certo. Se eu não achar que sou o melhor, quem vai achar?* Foi a primeira coisa que ele mudou na minha mente. O impacto foi grande, pois o homem foi muito enfático. Ele estava bêbado, mas absolutamente certo.

Se você não se acha foda, quem vai achar? E agora eu lanço a pergunta: se você, que está lendo este livro, não acreditar em si mesmo, quem vai acreditar? Você precisa ser seu maior patrocinador. A grande verdade é que o dono da festa não era prepotente, era autoconfiante, mas a minha imaturidade e falta de autoconfiança me fizeram ter uma leitura errada dele. É bem provável que isso aconteça com você no dia a dia.

E a segunda coisa que mais me impactou: ele pegou o celular e mostrou sua conta de pessoa física com mais de três milhões de reais de saldo. Eu nunca tinha visto tanto dinheiro em uma conta corrente, e aquilo me marcou demais. Quando ele mostrou o saldo, duas coisas me chamaram a atenção: a primeira foi que passou a ser real. Eu nunca tinha visto um milhão de reais em uma conta, e, quando vi, me assustei. A segunda coisa foi: como ele conseguiu e eu não vou conseguir? Sem desmerecer o cara, mas fiquei muito puto comigo. Como ele pode e eu não posso? Aquilo me marcou demais!

O grande aprendizado que tirei disso é que atrasamos ou impedimos nosso crescimento e a possibilidade de tomar posse daquilo que nosso coração deseja porque temos que ver para crer, mas essa não é a ordem natural das coisas. Todo o mundo que vemos hoje, palpável, físico, é resultado de um mundo invisível.

> **Mundo espiritual + mundo mental + mundo emocional = mundo físico.**

Quando vi a soma de dinheiro na conta do dono da festa, esta foi a primeira coisa que aconteceu: eu vi, eu acreditei naquilo e depois se concretizou para mim.

Tudo bem que deu certo, mas segui uma ordem equivocada. Fui um "Tomé": precisei ver para, de fato, crer. Isso é um alerta para você: não vá pelo mesmo caminho. O comum para as pessoas é ver para crer. A caneta que você está segurando enquanto lê este livro, por exemplo, primeiro passou pela mente de alguém que teve a ideia de produzi-la, por isso você a tem agora. Ou seja, primeiro surgiu no mundo invisível (a mente de um ser pensante) para só depois se materializar no mundo físico. Da mesma forma este livro. Para chegar fisicamente às suas mãos ou à tela de um dispositivo eletrônico, primeiro ele teve de surgir na minha mente e na mente do Pablo.

Sobre a decisão que me fez contrair uma dívida, quero lhe dizer que foi a melhor dívida da minha vida até hoje, e eu faria outras se fosse necessário! Fica aqui um conselho: não tenha receio de fazer dívidas se elas forem gerar crescimento pessoal e intelectual — se endivide, mas saiba em qual dívida está entrando. Larguei a faculdade e me dediquei à imobiliária, buscando torná-

-la a maior de Goiânia, cidade onde eu residia. Então, foquei em captar novos clientes, novos imóveis, em fazer novas vendas, e foi quando me deparei com o marketing digital, a melhor ferramenta que já conheci para poder exponenciar o resultado do negócio.

Durante um ano estudei e apliquei tudo o que aprendi, mas não obtive resultados expressivos. Fechei o ano todo com sete mil reais faturados, contudo tinha fé que iria dar certo. Até que, em um evento presencial de marketing digital, conheci o chamado processo de mentoria, que, resumidamente, consiste em comprar tempo, ganhar anos de vida e experiência em algum assunto. Essa mentoria custava quarenta mil reais, e eu não tinha esse dinheiro. Havia exatamente dez mil na minha conta bancária, e até hoje guardo o comprovante desse saldo bancário.

Comprei o curso com o dinheiro da troca do meu HB20 em um JAC. Vendi um carro de trinta e cinco mil, comprei outro por dezoito mil e levantei os recursos para comprar à vista alguns treinamentos de marketing digital. Eu era um jovem de vinte anos, com um carro do ano nas mãos, e decidi contrariar todas as opiniões para investir em mim mesmo, o melhor investimento do mundo!

Mais uma vez, precisei tomar outra decisão importante. No dia em que assumi essa dívida/investimento, escrevi um e-mail para mim mesmo, com alguns objetivos que queria atingir. E escrevi que, mesmo com uma dívida de quarenta mil, eu teria três meses para me garantir com a aquisição e sanar essa dívida de crescimento que havia feito. Não havia a opção de dar errado!

Aponte a câmera do seu celular para o QR code e assista ao vídeo.

Quando a água começa a subir e percebemos que, se não fizermos nada, logo morreremos afogados, somos obrigados a correr atrás do resultado. Ganhamos mais corpo, corre muito mais sangue em nossos músculos, as pupilas dilatam, conseguimos enxergar melhor, os ouvidos ficam mais calibrados, nosso organismo fica mais "endorfinado" e a adrenalina nos ativa.

Precisei dinamitar uma ponte. Não tinha outra escolha, então tomei uma nova decisão. Além de me endividar, abandonei a imobiliária, que até então era a minha única fonte de renda. Foquei no meu alvo: infoprodutos e lançamentos de cursos digitais. Dois meses se passaram e eu ainda não tinha nenhum resultado expressivo. No final do segundo mês, me tornei sócio do Pablo, e fizemos nosso primeiro lançamento. Conquistamos 132 mil reais em sete dias. Nós investimos sete mil reais, e paguei toda a minha parte dos custos do lançamento no meu cartão de crédito. Se o lançamento não tivesse dado certo, eu não teria dinheiro nem para pagar a fatura do cartão. Eu me expus ao risco máximo porque acreditava na ideia e em mim, pois estava no processo. Decidi fazer aquilo dar certo. Quando nos comprometemos com algo, temos que ir até as últimas consequências para fazer dar certo.

Este é o caminho: dar o nosso máximo!

Diz a lenda que um certo general chinês, quando precisava ganhar uma guerra, atravessava seu exército por uma ponte até uma ilha e logo em seguida queimava a ponte. Quais opções o exército tinha? Morrer ou lutar pela vida, pois eles não podiam voltar. Queime pontes! Esse é um grande segredo. Atravesse para o outro lado, e assim não terá como voltar. Dê o seguinte comando para o seu cérebro: "Agora você vai ter que se virar, não tem por onde voltar. Esta é a alternativa: dar certo". Essa é a melhor maneira de fazer nossos projetos vingarem, de extrair toda a riqueza de vida abundante que está dentro de nós. O melhor combustível de que você precisa é queimar suas pontes e seus barcos. Pode acreditar nisso.

TAREFA

Escreva o que você pensava sobre si mesmo até hoje e/ou o que estava esperando ver para crer. Risque e reescreva, com a visão de quem confia em si próprio, de quem é foda!

_____
_____
_____
_____
_____
_____
_____
_____

Liste aqui uma grande decisão que vai tomar e como fará para não voltar mais atrás.

_____
_____
_____
_____
_____
_____
_____
_____
_____
_____
_____
_____

Escreva uma carta para si mesmo, contando como foi bem-sucedido o seu percurso depois de você ter tomado a decisão mencionada na sua resposta à questão anterior. Coloque as datas em cada acontecimento futuro.

Obs.: escreva como se já tivesse acontecido e acreditando de verdade no que está escrevendo. Descreva as emoções sentidas a cada passo, visualizando as cenas enquanto escreve. Abra essa carta depois de um ano e analise tudo o que tiver realizado nesse período após ter tomado uma grande decisão.

Aponte a câmera do seu celular para o QR code e assista ao vídeo.

O PODER DO NETWORKING

Infelizmente, algumas pessoas ainda não despertaram para o poder do networking; outras já descobriram esse código. É por isso que, eu, Pablo, transbordei, e muitas pessoas estão conquistando seus milhões, relacionando-se com outras pessoas e avançando nesta Terra. Networking é relacionamento, e quero que entre na sua cabeça de uma vez por todas que o relacionamento vem antes de qualquer negócio. Pare com essa onda de tentar fazer negócio antes de fazer relacionamento.

> **O cérebro humano não confia em condições e negociações, confia em pessoas — e essa confiança só é gerada a partir do relacionamento.**

Grande parte dos nossos resultados vem das conexões que somos capazes de fazer. Uma conexão sempre leva a outra, mas é óbvio que viver só de networking não compra comida nem paga aluguel, então temos que fazer o relacionamento se transformar em negócios bons e sustentáveis.

A primeira camada do nosso networking são as pessoas conhecidas. Elas precisam saber, ainda que em poucos detalhes, o que estamos fazendo e para onde estamos indo. Para que isso aconteça, precisamos gerar valor na vida delas, agregar algo para que se lembrem de nós e do que sabemos fazer.

Atualmente, nem consigo contabilizar a quantidade de conhecidos que tenho, mas houve uma época em que tinha apenas quinze. Você pode estar se perguntando: "Quantos conhecidos eu devo ter?". Não precisa se apavorar; eu me refiro àquelas pessoas que têm clareza sobre quem somos e que, quando ouvem algo a nosso respeito, sabem dar boas informações, nos impulsionando e promovendo gratuitamente. Quando nos relacionamos gerando valor para as pessoas, o nosso networking é forte. Se não geramos valor, ele se torna fraco.

A segunda camada do networking é composta pelos nossos fãs. Eles são a prova social do nosso trabalho. A diferença entre as duas camadas é: o conhecido tem clareza quanto ao que fazemos, tem uma boa impressão de nós, mas não há garantias de que vai nos defender; o fã, por sua vez, nos defende e briga por nós se for preciso.

Um exemplo clássico é o de quem usava o Windows Mobile e não era necessariamente um fã da marca. Antigamente, o aparelho Nokia era popular e quem o comprava também não era necessariamente fã da marca: o que atraía os consumidores era o preço mais em conta. Mas bastava o celular dar o primeiro problema para que o consumidor em questão já falasse mal e, na hora de trocar de telefone, preferisse outra marca. Isso quase não acontece com o iPhone, cujos usuários parecem pertencer a uma religião, pois defendem com convicção que o melhor aparelho do mundo é o produzido pela Apple e é quase impossível convencê-los do contrário.

Nossos conhecidos não estão prontos para nos defender, mas sim para informar pessoas mal-informadas. Apenas fãs estão prontos para nos defender em nossas falhas e exaltar nossos acertos. No universo do networking, embora façamos muitos amigos, é preciso ter certo cuidado pois, do contrário, estaremos cercados de tantas pessoas que não será possível estabelecer vínculos fortes com elas. Amigos são aquelas pessoas com quem escolhemos conviver e com quem caminhamos em direção ao nosso propósito, lado a lado. São aqueles que nos ajudam na tomada de decisões. Por isso, muito cuidado com quem você aprofunda sua conexão. *Diga-me com quem andas e eu te direi quem tu és!* Essa frase, que muitos conhecem como um ditado popular, mostra que de fato temos a essência das pessoas com quem estamos conectados. A Bíblia apresenta alguns versículos para que possamos refletir:

> "Quem anda com os sábios será sábio; mas o companheiro dos tolos sofre aflição."
> **Provérbios 13.20**

> "Não se deixem enganar: as más companhias corrompem os bons costumes."
> **I Coríntios 15.33**

O empreendedor e palestrante Jim Rohn é enfático ao dizer que "Você é a média das cinco pessoas com quem convive". Observe que esse olhar sobre as pessoas com quem convivemos e nos relacionamos é filosófico e cristão e deve ser relevante em nossa vida.

Basta observarmos pessoas que convivem por muito tempo para confirmarmos como essa conexão acontece.

Perceba que trocar energias e equilibrar-se na mesma frequência é normal e natural entre as pessoas. É preciso ativar o networking, para encontrar indivíduos que tenham uma ligação direta e profunda com o seu propósito. Você precisa ter clareza disso para saber como se relacionar, do contrário poderá não cumprir o seu propósito e começar a servir aos outros, esquecendo-se da sua vida e da sua família.

O próximo ponto são as *pontes*: de maneira oposta àquelas que queimamos anteriormente, estas devemos preservar. Elas são incríveis, pois nos conectam em uma velocidade que nenhum avião ou outra máquina humana conseguiu atingir. O globo terrestre tem cerca de quarenta mil quilômetros de circunferência, mas a ligação feita por uma ponte até alguém que está a quarenta mil quilômetros de distância, dando uma volta na Terra, é mais rápida do que qualquer invenção humana.

O relacionamento é mais rápido e mais rentável do que qualquer outra coisa. As pontes são conexões que vão nos levar, por meio de relacionamentos, a junções que ainda não existem, com pessoas-chave para o nosso propósito. Se você tiver doze boas pontes, explodirá na vida.

Nesse caso, o que podemos recomendar a você é: *não destrua pontes*. Se não gosta de uma pessoa, não deixe esse sentimento se transformar em inimizade. Ela não precisa ser convidada para ir à sua casa, mas isso não a torna inimiga. Algum dia essa pessoa poderá se tornar uma ponte, um importante contato, afinal o mundo dá muitas voltas.

Depois da ponte, temos as *rampas*, que são as pessoas que de fato nos dão evidência apenas pelo fato de nos conectarmos com elas, seja em nível regional, nacional ou até mundial. Podemos contar nos dedos quantas pessoas são rampas. São poucas. Use estratégias para fazer conexões com elas. Nós dois, os autores, entramos em uma mentoria justamente por isso, para usar a mentoria como rampa.

Existem mentorias em que aprendemos; em outras, nem tanto. Eu, Pablo, participei de uma nos Estados Unidos na qual havia bilionários dando instruções, e aquilo agregou bem pouco aos meus conhecimentos na ocasião. Era uma mentoria de oitenta mil reais para cinco dias, que acabou finalizando em apenas quatro, e dei graças a Deus, porque não estava aprendendo nada com o conteúdo. Eu paguei para acessar a rede de relacionamento deles.

Aprenda: se compreender como funciona o networking e respirá-lo, você vai acessar lugares que, sentado no home office, jamais conseguiria.

As rampas vão impulsionar você para bem longe, mas, quando for jogado, lembre-se de ter combustível e a turbina funcionando, senão você vai cair na mesma velocidade. Expor alguém que não tem relevância faz essa pessoa subir e descer na mesma velocidade. Os quinze minutos de fama significam isto: alguém joga uma pessoa de uma rampa bem alta e ela não tem combustível nem turbina. Consequentemente, vai cair igual a um tijolo. Vemos isso o tempo todo na internet e na televisão.

Quando você tem acesso a essas *plataformas*, isso o conecta com outras pessoas de uma forma incrível. Começa a fazer muita diferença na sua vida, porque agora elas vão procurar por você. E, se você entender o que estamos ensinando sobre relacionamentos, colocará as coisas no devido lugar: em sua mente.

> **As coisas não têm valor, têm preço. Os valores são atribuídos a pessoas. Não deixe de lado esse código!**

É comum as pessoas quererem se aproximar de nós. Muitas nos enviam mensagens perguntando: "Como posso me conectar com vocês?". A melhor forma de fazer networking com alguém é seguir esta premissa: seja interessante antes de se mostrar interessado!

> **Seja interessante antes de se mostrar interessado!**

O problema é que a maior parte dos brasileiros acredita que ter interesse é algo antiético, desonesto ou um problema, mas não é. O único problema é ser interesseiro. Ter interesse é legítimo, idôneo e pode ser até bonito. Vamos esclarecer isso.

Todas as relações são pautadas em interesses. Veja só. Seu pai se casou com sua mãe por interesse. Você paga um colégio pelo interesse de ter um estudo de melhor qualidade. O colégio aceita você pelo ganho comercial. Você escolheu um sócio para exponenciar seu negócio por ter interesse em algo que ele carrega. O carro que você compra é por interesse. ATÉ DEUS TEM INTERESSE! Ele enviou Seu filho à Terra para morrer na cruz com o interesse de dar a você a escolha da salvação para a vida eterna.

Aprenda com os animais como se faz networking. Aqui está o princípio das boas conexões, que são as relações harmônicas (+/+): o crocodilo africano não precisa do pássaro palito para sobreviver, nem o contrário. No entanto, eles mantêm uma relação de protocooperação. O pássaro aproveita os restos de alimentos que estão na boca do crocodilo para se alimentar, enquanto o crocodilo recebe uma higienização bucal. Ou seja, essa é uma relação harmônica, em que os dois lados saem ganhando.

Então, não há problema algum em ter interesse em outras pessoas. O único problema é quando você se torna interesseiro, ou seja, quando o interesse sobressai aos princípios, aos valores e a qualquer relação humana.

Quando eu, Marcos, encontrei o Pablo, gerei valor para ele. Eu sabia do que ele precisava, embora nem ele mesmo soubesse. Isso é gerar valor. Se você quer se conectar com uma pessoa mas não sabe como pode atendê-la, não está no nível de se conectar com ela. Você precisa enxergar um defeito, uma falha ou um ponto de melhoria que ela sabe que existe, ou melhor, que ela nem sabe. Então ela perceberá que precisa de você ao lado dela. A pessoa precisa identificar algo que possa ser melhorado. Isso sim pode ser um ponto de conexão entre vocês, e a partir daí é gerado um bom networking.

Há pessoas que não querem nada em troca, e naturalmente o mundo retribui, seja por meio de outras pessoas para quem geraram valor, seja de outra forma. No entanto, quando você realiza qualquer ação já esperando algo em troca, corre o risco de se frustrar, e a frustração é a distância entre expectativa e realidade.

Atenção: mais importante do que as pessoas com quem você quer se conectar são as pessoas das quais você deve se desconectar. Lembre-se da afirmação de Jim Rohn: você é a média das cinco pessoas com quem mais convive. Ou seja, as companhias podem jogar sua média para cima ou para baixo, atrasando seus resultados. Por isso é muito importante entender as conexões que você tem, as pessoas com quem você está convivendo, e perceber se elas o estão ajudando a trilhar e conquistar o caminho que você decidiu ser o seu propósito de vida.

TAREFAS

Liste pelo menos três pessoas das quais você deve se desconectar. Escreva o porquê da sua decisão.

_____
_____
_____
_____
_____
_____
_____
_____

Escolha cinco pessoas com quem você convive e gera algum valor na vida delas.

_____
_____
_____
_____
_____
_____
_____
_____
_____
_____
_____
_____

Liste as cinco pessoas com quem você mais se relaciona. Agora avalie se essas pessoas possuem resultados congruentes com o que você deseja para sua vida. Você é a média das cinco pessoas com quem mais convive, portanto, esse é um ponto de extrema atenção se quer atingir o milhão.

Defina pessoas que servirão de ponte e rampa em seu networking.

ENERGIA
E
FOCO
NA
MEDIDA
CERTA

Se você não gosta ou não sabe falar NÃO, precisa entender que os resultados que você constrói estão muito mais relacionados aos "nãos" do que aos "sins".

Foco é dizer não!

E por que falar não? Você tem que falar não para os seus medos, para os seus instintos, para a batatinha frita. Tem que falar não para a preguiça, para o prazer imediato e, principalmente, para as pessoas que não acreditam em você.

Se você tem dificuldade para dizer não, a grande realidade é que você mal se ama. Ao dizer sempre sim e fazer coisas para aqueles que não fazem muito por você pelo simples fato de não saber recusar pedido algum, você mostra que não está se colocando em primeiro lugar.

Quem não consegue se amar não consegue amar o próximo. Dizer não é importante, é questão de amor-próprio. É um ato que demonstra amor e respeito por si mesmo. Dizer não para o medo é muito importante, e não significa que você vai desprezá-lo.

Existem dois tipos de medo: o fisiológico e o emocional.

O medo fisiológico é ativado, por exemplo, quando você leva um susto, quando salta de paraquedas. Esse medo é bom, o medo que faz você se manter vivo.

O problema está no medo emocional, o que quer te paralisar. Dizer não para o medo não quer dizer que ele não te afetará. Sinta o medo, mas não permita que ele o paralise. Está com medinho? Vai com medo mesmo! Você não deve se sentir pronto para começar. Comece, e vai se sentir pronto no meio do caminho!

As pessoas querem se sentir confiantes para dar o primeiro passo, mas existe um segredo: falar não para os outros. É como um ato de amor. Se amar! Só assim você consegue amar os outros. É necessário dizer não para o seu medo emocional. Dizer não aos amigos que te chamam para fazer coisas que não devem ser feitas naquele momento, pois não passam de prazer imediato. Eu já ouvi várias vezes: "Marcos, como você fez para ter sucesso tão novo?". Agora sou eu que devolvo a pergunta: "O que você não fez para não ter sucesso ainda?".

Você pode estar pensando: "Como você é desequilibrado!". Equilíbrio é o estado de um corpo que não está sofrendo oscilações. Você não quer sofrer oscilação, então quer ser estático? "Ah, Marcos! Mas me ensinaram que eu tenho que ser equilibrado". Você acha que um grande empresário tem que ser equilibrado? Pode ser que da metade para o fim da carreira ele quase não trabalhe mais e receba muito por isso, mas no início, para sair da inércia, ele precisou fazer muita força. Isso não é ser equilibrado, é ser harmônico. E o que é harmonia? Harmonia é a coerência entre o desejo do seu coração, sua fala e sua atitude. Se houver harmonia entre esses três elementos, você terá paz. Isso não significa ter uma vida equilibrada, lembre-se! Paz não é ausência de conflito, é a presença de convicção.

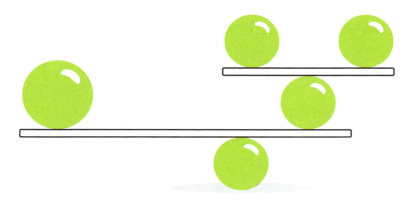

Eu, Marcos, considerava que não levava uma vida equilibrada até descobrir que não preciso de uma vida equilibrada, principalmente do equilíbrio que as outras pessoas me dizem para ter, uma vez que falam de acordo com a perspectiva de vida delas, com base no mapa de mundo que cada um de nós tem, o que não quer dizer que seja o ideal para mim. O ideal para mim é ser harmônico com o desejo do meu coração, com a minha fala e a minha atitude. O ideal para você é ser harmônico com o desejo do seu coração, com a sua fala e as suas atitudes.

Se, para você, ser harmônico é trabalhar de segunda a quinta-feira só pela manhã, tudo bem. Essa é a sua harmonia e é o que você precisa buscar. O que você não deve aceitar é o equilíbrio imposto pela sociedade, ou por pessoas que não conhecem o desejo que você tem no coração.

O conceito de equilíbrio faz referência aos estados do sistema. As forças que agem sobre o sistema se contrabalanceiam e se anulam, mantendo, assim, o corpo estável.

Se está lendo este livro, você não deve desejar ter uma vida equilibrada. A palavra "equilíbrio", atualmente, expressa a conotação de uma vida que se resume a trabalhar de segunda a sexta, descansar nos finais de semana, ter um carro popular e uma casa própria. Eu, Marcos, não adoto esse padrão como verdade absoluta. Mas não tem problema nenhum se você o escolher. Inclusive, se é uma escolha sua, pare de ler este livro agora, pois não faz sentido querer ser um milionário, ou seja, fazer parte de um seleto grupo da população, e continuar adotando o comportamento da maior parte das pessoas: isso é incoerente! É desarmônico!

Se quer resultados extraordinários, você não pode ser ordinário!

Quando cheguei a essa conclusão, parei de sofrer com as acusações de não levar uma vida equilibrada e agora vivo em paz, pois tenho harmonia entre o desejo do meu coração, a minha fala e as minhas atitudes. Esse é um conselho que dou: saia do equilíbrio e busque o seu ponto de harmonia.

Quanto ao foco e à energia, essas são duas variáveis fundamentais para ativar qualquer resultado extraordinário em sua vida. Anteriormente falamos sobre a decisão, que é como matar uma opção. Ficou claro, portanto, que o foco é bem parecido com a decisão: é saber dizer não. Temos que nos concentrar no que dá resultado, e descobrir isso é bem simples.

É fundamental estabelecer prioridades e utilizar a Teoria ou o Princípio de Pareto 80/20 para nos orientar. Você pode listar tudo que for fazer e assim conseguirá ver com clareza quais são as prioridades.

Com base no prazo e na importância de cada tarefa, listamos todos os afazeres e elencamos as prioridades. Obedecendo a essa listagem, vamos focar as atividades mais importantes, sem perder os prazos de realização. Outra coisa imprescindível: para conseguir ter foco, é preciso saber dizer não para as oportunidades que surgem, para os novos negócios nos quais é convidado a participar, para as pessoas que o influenciam, para amizades e familiares, a fim de não perder de vista os seus objetivos. Só conseguimos ter foco quando existe um propósito maior na atividade que estamos exercendo. Se aquela atividade não for específica a ponto de você conseguir dizer não para tudo e todos os que interferem naquele objetivo, com certeza você falhará diversas vezes e não triunfará nem conquistará o objetivo que deseja.

Toda a nossa energia precisa ser canalizada nas atividades que são vinte por cento e representam oitenta por cento do nosso resultado. Para canalizar energia, não podemos nos abalar diante de coisas fracas e fúteis. É preciso ter capacidade de resiliência e a inteligência emocional ativada. É o que aprendemos com Rocky Balboa: não é sobre quanto você bate, mas quanta porrada você aguenta levar e ainda assim se manter de pé. É preciso ser como uma rocha, capaz de aguentar as pancadas pelos erros cometidos durante o processo de aprendizado, poupando energia no meio do caminho. Evite coisas que possam sugá-lo sem trazer qualquer retorno. Canalize energia sabendo dizer não, alimentando-se bem, tendo um corpo pleno, mantendo bons relacionamentos, não perdendo tempo com os noticiários na televisão. Descarte o que não o ajudará a alcançar o seu objetivo.

Eu, Marcos, acredito muito em radicalismo. Você precisa ser radical, principalmente aos olhos da sociedade, que anda cheia de "mimimi", pois o mundo não é dos "mimizentos". Eles são os espectadores daqueles que fazem as coisas acontecerem. Radicalize se for preciso, para canalizar todo seu foco e sua energia a fim de atingir o resultado que você almeja.

É impossível nossa mente estar plenamente focada se ela não tiver uma imagem bem clara daquilo que queremos. Por exemplo, se você deseja uma fazenda, necessita ter uma foto dela registrada na mente. Se vemos, logo existe! Se tiver dificuldade com a imaginação, faça um desenho ou busque uma foto de uma fazenda, imprima e sempre olhe para essa imagem, tendo clareza daquilo que você quer. Sempre que você se deparar com um obstáculo para conquistar algo, seu cérebro vai fazer com o obstáculo parecer maior que o alvo.

Já dizia Henry Ford: "Os obstáculos são aquelas coisas terríveis que você vê quando desvia os olhos do seu objetivo". Em matéria de foco, você precisa de três atitudes: ser específico, ter data para acabar e ter prioridade. Se pensarmos em níveis de engajamento numerando de 0 a 10, ficará mais fácil entender como focar. Imagine que você é um tanque de guerra no campo de batalha. Se der um tiro em um campo aberto, um tiro na água e outro na serra, não resultará em nada. Talvez você acerte um animal, mas, na guerra, não vai produzir efeito nenhum. Vai desperdiçar energia e poder bélico sem necessidade. O problema de quem não tem alvo, não tem a imagem fixa em sua mente, é ser disperso e sem foco.

Um tanque tem poder para acabar com a guerra sozinho. Mas um blindado do exército brasileiro pode não dispor desse mesmo poder porque não temos a prática de guerrear, diferentemente dos americanos, que oram a Deus para não entrar em uma batalha porque, se entrarem, não será para perder. Perceba que não existe foco sem alvo, não existe foco sem ter a imagem criada na mente.

Depois que você tem a imagem clara, ou seja, um alvo muito bem definido, corta os drenos e deixa de gastar energia à toa, alinha uma data, ativa as prioridades em várias coisas e começa a fazer algo. "A partir de agora serei uma pessoa equilibrada." Não! Nada de ser uma pessoa equilibrada, que quer agradar todo mundo.

Você precisa ser uma pessoa em harmonia para focar naquilo que realmente é importante, conforme já falamos.

O problema é que as pessoas querem repetir coisas que não vão dar tanto retorno assim. Então, depois do passo a passo do que é ter um alvo, vamos focar em tudo que temos: uma pedra, um canhão ou uma arma, tudo no mesmo ponto. Também devemos levar as pessoas que estão ao nosso redor a mirar conosco em nosso objetivo.

Cuidado para não inventar obstáculos, que são tudo o que imaginamos ao tirar o olho do alvo. Estar focado é determinante para construir o que está na nossa cabeça, mas ainda não foi materializado.

Antes de escrevermos este livro, tínhamos um lançamento para fazer e o Marcos não tinha um alvo tão grande quanto o meu, Pablo. Se você não sabe, o lançamento é uma técnica de vendas utilizada para vender produtos físicos, serviços ou infoprodutos. Fizemos uma aposta sobre o valor estimado para o lançamento. Eu acreditava que faríamos mais que o esperado por ele, o que realmente acabou acontecendo. Contudo, no lançamento anterior, quase tive que pagar uma Land Rover para ele, por muito pouco, por algumas centenas de reais. Por outro lado, o Marcos perdeu e teve que me pagar cinquenta mil reais, afinal eu foquei naquele lançamento, foram mais de oitenta lives. Fiz coisas que não são normais para alguém no meu nível fazer, mas resolvi focar e mirar tudo e todas as minhas energias nesse novo alvo.

Comece com artilharia pesada, estude mais sobre o nível de energia que tem, seu foco, seu alvo, e elimine os obstáculos que costumam atrapalhar. Depois que se escolhe um alvo, o que é preciso fazer? Não esquecer de olhar todos os dias. Defina datas. Ative as prioridades. É importante lembrar que, se o alvo/imagem é muito grande, é possível fracionar.

Um ser humano, por exemplo, não consegue pular e atingir uma altura acima dos seis metros, mas, se ele fracionar em uma escada e dividir seis metros em degraus de quinze centímetros de altura cada, seguindo cada passo, vai conseguir atingir o alvo com mais facilidade. Aprenda: trabalhe seu foco mirando no alvo.

TAREFAS

Crie uma lista com tudo o que você precisa fazer e coloque em ordem de prioridade, seguindo a Teoria de Pareto, que diz que 80% de nossos resultados vêm de 20% de nossos esforços focados nas tarefas certas. Siga essa lista com disciplina.

_____
_____
_____
_____
_____
_____
_____
_____
_____
_____
_____
_____
_____

Radicalize. Aprenda a dizer não. Diga não a tudo o que não fizer parte das tarefas necessárias para atingir seus alvos.

Tenha a foto final daquilo que você irá realizar. Somente desse modo você será capaz de superar os desafios, focando o alvo.

Concentre toda a sua energia na realização do seu alvo, dia após dia, e mensure se seus resultados começarão a mudar radicalmente.

A
VIDA
É
UM
TESTE

A vida dentro de nós é um grande teste, um processo para acessar a eternidade, por isso estamos o tempo todo sendo testados. O foco das nossas empresas e negócios é realizar testes. Não temos certeza de nada, a única certeza são os resultados, e cada um deles é oriundo dos testes que realizamos.

É interessante perceber que o que funcionou ontem para nós talvez não funcione mais hoje. Isso significa que precisamos de novos testes. Não podemos fazer as mesmas coisas do passado, tendo por base nossos antigos resultados e aquilo que aprendemos anteriormente. O mundo mudou, e quem ainda não percebeu isso está ultrapassado. Tudo o que o planeta viveu e evoluiu com a pandemia da covid-19 nos projetou para um novo futuro, em uma velocidade incrível e sem possibilidade de volta. Ou seja, o combustível que nos trouxe até aqui não vai nos levar até o futuro: precisaremos de mais. É por isso você precisa terminar esta leitura: ela vai lhe dar novas ideias e criar possibilidades na sua mente.

O processo de testar começa com a exposição da ideia, seguindo para a coleta das percepções primárias sobre ela, e evolui para a tomada de decisões. Nesse processo, mantenha o foco no espectador, a fim de captar informações, reações e novas ideias para agregar às suas. Sendo assim, nunca tome decisões fundamentadas na sua mente; realize testes com suas ideias. Nossa mente tem a grande tendência a nos levar para o caminho mais óbvio e fácil, por isso não podemos confiar cem por cento em nossas ideias. Devemos, antes de mais nada, realizar testes.

Precisamos testar coisas o tempo todo em nosso cotidiano. Por exemplo, quando vamos colocar um prego na parede, primeiro marcamos, batemos para fazer um sinal, analisamos se será colocado ali mesmo e só depois o pregamos no local correto. Testes são simples, e, na cozinha, são um fato: não colocamos todo o sal no alimento, precisamos experimentar, adicionar mais ou não, até percebermos se está no ponto.

O tempo todo estamos testando e sendo testados.

O processo da experiência é necessário para quem realiza testes. Apenas a partir da nossa própria vivência podemos avaliar os resultados.

Precisamos colocar nosso time em campo, e cada área de atuação vai exigir testes diferentes. Não poderíamos, sem saber nada sobre sua vida e seu negócio, dizer de que forma você vai realizar seus testes, mas existe algo que podemos lhe ensinar: é necessário fazer modelagem de negócios se quiser ter o resultado que deseja. Observe os passos de quem já alcançou os resultados que almeja e use o maior poder que você tem: a sua imaginação. Pense em como poderia começar aquele negócio do zero, qual seria o primeiro passo a ser dado.

O maior erro das pessoas é ter uma ideia e partir para a execução sem antes fazer os testes necessários. Já presenciamos muitos caras saírem quebrados de algumas situações porque simplesmente negligenciaram os testes. Precisamos rodar MVP e testar em modelo beta, que nada mais é que o mínimo necessário que seu produto precisa ter para resolver o problema do cliente. É a maneira mais simples possível de correr menos riscos.

Vários casamentos dão errado porque não passaram por testes reais. Existem pessoas que encontram sua cara-metade, algo em que não acreditamos, e se casam. O namoro tem de ser um teste levado a sério, e é fundamental, assim como o noivado. Se não for assim, as diferenças terão que ser resolvidas no casamento, o que será muito mais difícil, afinal, a cada nova fase de nossa vida, tanto as responsabilidades quanto os problemas aumentam. No namoro não passamos vinte e quatro horas por dia, sete dias por semana e trinta dias por mês com a pessoa, mas, quando casamos, esse compromisso é para a vida toda, e é nisso que acreditamos. Se não usarmos o período de namoro e noivado como teste, arranjaremos um grande problema tendo que descasar — o que é um grande transtorno, principalmente quando existem filhos no meio dessa relação — ou viver o resto da vida conformados com uma péssima escolha.

Não execute sem antes testar!

Eu, Pablo, confesso que esse aprendizado sobre o teste tem sido algo novo para mim. Eu não via tudo sob essa ótica, e confesso que o Marcos tem me ensinado e provado, a cada dia, que eu realmente precisava considerar. Eu estava cheio de certezas sobre alguns procedimentos que funcionavam, e acreditava que era só repetir os testes que os resultados seriam os mesmos. O Marcos jamais confiou nisso, e dizia que precisávamos testar novamente. Isso me irritava muito. Eu falava: "Vamos repetir isso!", e ele respondia: "Isso aí, vamos ter que testar de novo". Cheguei a pensar que o Marcos era muito inseguro, mas não era nada disso. Na verdade ele é um dos caras que eu mais respeito, principalmente em matéria de testes. Ele não é tão orgulhoso de suas próprias ideias a ponto de não se questionar, nem é dono de uma verdade absoluta a ponto de se tornar arrogante e de não se permitir testar. A ideia sempre pode melhorar. Talvez não tenhamos analisado todas as variáveis, ou algo pode ter mudado, e é assim que o Marcos se posiciona diante de tudo.

É incrível perceber que, às vezes, quando outra pessoa aplica na sua realidade uma coisa que funciona com a gente, o processo acaba não funcionando com ela, e é por isso que é necessário testar. A importância disso é muito simples: evitar erros. Toda vez que testamos e percebemos que há algo errado, temos que agradecer, afinal é um novo aprendizado para o caminho do sucesso.

Na execução de um projeto, por vezes, quando estamos no olho do furacão, não visualizamos o que acontece do lado de fora, perdemos a visão da tempestade como um todo. Então é necessário parar de olhar só para dentro e, como um *drone*, voar para olhar o todo. Chamamos isso de *olhar do furo*, ou seja, o olhar de fora do projeto. Só assim é possível visualizar os erros.

TAREFAS

Quais testes você deve fazer hoje para ir em direção ao seu objetivo?

Quais são os indicadores do seu teste que o ajudarão na sua tomada de decisão?

O MVP — MINIMUM VIABLE PRODUCT

[MÍNIMO VIÁVEL DO PRODUTO]

O MVP — Mínimo Viável do Produto é um termo muito utilizado em *startups,* jovens empresas que iniciam com testes. Inclusive, é por meio deles que as *startups* começam a receber aportes milionários e a obter centenas de milhões de reais. Isso acontece porque os investidores vão olhar sempre para o resultado dos testes e avaliar se o negócio é superescalável e grandioso.

O MVP é um negócio escalável com previsibilidade de caixa, ou seja, você roda o mínimo necessário de um produto para gerar informações suficientes e obter resultados. O ideal é fazer da forma beta, o mais simples possível, conferir o processo e começar a rodar de maneira que comece a dar lucro e seja possível prever o seu mercado, o seu negócio.

E como seria a criação de um novo produto a partir do teste?

Vamos supor que o novo produto seja um aplicativo que ajudará os alunos que vão prestar o Enem (Exame Nacional do Ensino Médio) a ter um bom desempenho na prova de redação. Poderíamos investir de quarenta a cinquenta mil reais para desenvolver um aplicativo, de modo que o aluno tirasse uma foto de sua redação e enviasse para um software responsável pela distribuição desse arquivo de forma randômica para vários corretores de redação. Cada corretor enviaria sua avaliação por áudio para o aluno, indicaria quais conteúdos o estudante deveria estudar mais e ainda enviaria um link com aulas sobre os assuntos que precisam ser aprofundados.

Como não sabemos se o produto dará certo, precisamos testar, ou seja, validar a ideia da maneira mais rápida, barata e segura. O teste tem que ser uma média ponderada dessas três variáveis. Poderíamos fazer esse processo manualmente e, mesmo acreditando na viabilidade dele (afinal, eu, Marcos, sou o cara que joga o *game* dos testes) faria da maneira mais prática possível. E como eu poderia economizar cinquenta mil reais e ainda assim ter certeza de que daria certo? Primeiro eu contrataria alguém para fazer tudo isso de forma manual, prestando o mesmo serviço, mas utilizando o e-mail. Os alunos enviariam por e-mail suas redações escaneadas e, manualmente, alguém as receberia e as encaminharia por e-mail para os corretores contratados. Por exemplo, se eu recebesse a redação de cinquenta alunos e tenho cinco corretores, cada um corrigiria dez redações. Eles grifariam os erros dos alunos, gravariam um áudio explicando as melhorias necessárias e mandariam uma tabela de aulas, com os links dos vídeos a que os alunos precisariam assistir. Feito isso, os corretores fariam a devolutiva por e-mail ao meu funcionário, que a encaminharia diretamente ao aluno juntamente com os materiais de apoio sugeridos pelo revisor.

É possível rodar o MVP e fazer os testes de que necessito, bem como as adaptações necessárias, contratando uma pessoa para fazer esse trabalho, com custo mensal em torno de um salário mínimo. Ao alcançarmos cem, duzentas matrículas mensais, poderemos, então, contratar um programador para desenvolver o aplicativo, afinal a ideia já estará validada, ou seja, saberemos que ela vai dar lucro. Dessa forma, os custos da criação do aplicativo serão pagos com o lucro do projeto.

Seria loucura desenvolver um aplicativo e, somente depois, rodar o negócio. Além do alto risco com o investimento, levaríamos muito tempo para desenvolver o *app*, o que demanda cerca de três a seis meses para ficar pronto. Sendo assim, não poderíamos deixar de fazer testes e de rodar o MVP da nossa ideia. Nenhum plano consegue sobreviver no campo de batalha. Não acredite que a sua ideia é a melhor do mundo. Um plano é uma ideia; precisamos jogá-la no campo de batalha do MVP e colocar nosso time para trabalhar. Por isso, uma ideia não vale nada, mas o MVP tem valor e pode ser a chave de que você precisa para obter aportes milionários de investidores.

> **Nenhuma ideia sobrevive em um campo de batalha. Precisamos ter um plano sólido de resistência para sobrevivermos e sairmos vitoriosos.**

Diante de tudo isso, é fundamental que você saiba que todas as suas melhores oportunidades de liderar, de se tornar milionário utilizando a internet, vão acabar antes de 2030 (ainda estamos no começo, e este momento é a melhor fase para poder trabalhar). Não é uma piada, você não precisa se assustar, mas é uma informação que, muito provavelmente, seu networking não lhe permite acessar. Antes de 2030 a internet como a conhecemos terá acabado, e existe um motivo para isso acontecer.

Ninguém mais vai falar dela, de tão incorporada e conectada a todas as coisas, que serão registradas em um número de IP (protocolo de internet). Quando isso acontecer, você se lembrará do exato momento em que está lendo este livro, e vai chorar horrores. No dia em que a internet acabar, terão que inventar outra internet, outro sistema, outra geração, e vivenciaremos uma revolução na informação nunca vista na história da humanidade.

Para que você se sinta seguro em relação a essa afirmação, saiba que quem falou que a internet vai acabar não fomos nós, estes dois meninos aventureiros e malucos de Goiás. Pegue este código: quem deu essa informação valiosa foi Eric Schmidt, CEO da Google,[2] e todos os que o ouviram ficaram pasmos, assim como você está agora. Havia uma limitação na rede mundial de computadores quando a rede era IPV4 e ela ultrapassou esse limite, não permitindo inserir mais nada. Agora, com IPV6, todas as máquinas são relógios, e até um tênis tem IP.

É um caminho sem volta. Tudo vai ficar muito comum. Depois que todas as pessoas começarem a acessar os assuntos e eles se tornarem corriqueiros para a população como um todo, a internet não servirá mais para liderarmos. A hora é agora. Não existirão bilionários sem internet daqui para a frente, porque os de hoje têm a internet como suporte. Existem algumas figuras bilionárias das antigas que ainda sustentam seu patrimônio independentemente da internet, mas elas serão as últimas, pois já estão quase em extinção.

Se você estiver lendo com atenção, já entendeu que ser milionário é distribuir uma energia de mil reais para mil pessoas; para ser bilionário, a métrica é a mesma, o bilhão é o um milhão,

---

2 "A internet vai acabar? Entenda o que disse Eric Schmidt, da Google." *Tech-Tudo*, 2015. Disponível em: https://www.techtudo.com.br/noticias/2015/01/internet-vai-acabar-entenda-o-que-disse-eric-schmidt-do-google.ghtml.

resultado de mil vezes mil, multiplicado por mil. Trata-se de um negócio muito pesado.

Pela primeira vez na história, no ano 2019 o celular ultrapassou a audiência da televisão. Quando isso aconteceu, um recado bem simples e claro foi dado: a televisão havia sido destronada. E ela também vai acabar. Na verdade, o processo já começou, isso é disrupção. Uma tecnologia tem que matar outra. Quando uma ideia nasce, ela tem que matar a ideia anterior. Quando um combustível novo entra no carro, ele tem que matar o outro. Nós, seres humanos, na visão natural, somos o esterco da terra. Quando alguém falar que você é um bosta, não fique com raiva. Você não está dando resultado, mas, quando começar, virará esterco para outras pessoas viverem. Dessa forma, quando morremos, viramos esterco; é um ciclo infinito. Nós, de fato, viemos da terra, e você não precisa se apavorar com isso.

A internet está acabando, e a sua vida também está. Todas as coisas vão acabar, nada é eterno na Terra. O corpo que parece eterno precisa ser glorificado a fim de passar para a eternidade. Por não ser eterno, ele precisa passar por um processo de transformação para ganhar acesso à eternidade. Estamos falando sobre isso para que você entenda e leve algo muito a sério: existem coisas que são finitas. E quando você perceber que vai deixar de existir aqui na Terra, entenderá o quanto tem que curtir a vida com intensidade, porque ela é uma grande aventura da qual ninguém sai vivo. Já que vamos morrer, é preciso fazer valer a pena, aproveitar o melhor que ela tem a nos oferecer. E como a internet também vai acabar, por que você não aproveita o que ela tem de melhor para oferecer? Saia do lugar de usuário e ocupe o lugar de fornecedor. A internet é como uma droga: existem os fornecedores e os consumidores. Qual deles você é?

Se essa realidade o está deixando assustado, você tem perfil de consumidor, que se assusta com qualquer notícia. Se você for um fornecedor, pensará: "Temos que aumentar o consumo das pessoas, vender mais, porque vai acabar". Anote isto: pessoas que falam de dinheiro não têm dinheiro; da mesma forma, quem só fala de ar é porque não o tem. Respirar é algo natural, fisiológico, e, em geral, ninguém fica pensando "Eu preciso respirar hoje".

A internet de fato vai acabar, e o pior de tudo é que, se ela acabar do jeito que acreditamos que vai, não dará mais acessibilidade e não será mais rampa para tanta gente como vemos nos dias de hoje. Podemos assegurar que, daqui a dez anos, a internet não será um lugar para ganhar dinheiro, pois se tornará um lugar-comum. Então teremos que esperar pelo próximo salto tecnológico de informação. Por isso, em seu lugar, não esperaríamos mais nenhum segundo. Se pudéssemos lhe dar um conselho neste momento, seria: não espere o futuro chegar, estude tudo relacionado à internet. Você precisa dominar esse conhecimento e tirar o melhor proveito dele enquanto ainda há tempo, ou depois se lembrará do que leu agora e ficará se lamentando porque não saiu do lugar.

Todas as criações acabarão. A internet vai acabar rápido, e isso vai assustar você. Seus netos não serão empolgados com a internet como você é. Todas as coisas estarão conectadas. Então, quem é quem na internet? Quem conecta? Quem está no começo? Quem consegue dominar? Acredite, a internet ainda está no começo, mas passará mais rápido do que você imagina.

TAREFAS

Liste cinco alternativas para você criar uma nova maneira de monetizar nas suas atuais condições, sem investimentos estratosféricos.

_____
_____
_____
_____
_____
_____
_____
_____
_____
_____
_____
_____
_____

Considerando que a internet é a droga do século, você tem agido como usuário ou como fornecedor? Por quê?

_____
_____
_____
_____
_____
_____
_____
_____
_____
_____
_____
_____
_____

ITERAÇÃO

Agora falaremos de algo essencial para o crescimento humano. Faz algum tempo, percebemos que esse conceito se repete em várias áreas do conhecimento. Na área de desenvolvimento pessoal, tem o nome de espiral ascendente ou ciclo do extraordinário. Na filosofia de vida japonesa, é chamado de *kaizen* (melhoria contínua).

Em administração, esse conceito é conhecido como *ciclo* PDCA (do inglês, *Plan, Do, Check, Act* [Planejar, Fazer, Testar e Agir]), e, em desenvolvimento de produto, é chamado de ciclo de iteração. O que falaremos agora é uma das coisas que diferencia os seres humanos dos animais. Estes agem por instinto, enquanto os seres humanos são racionais e podem controlar os instintos para aprender com os próprios erros e não os repetir mais. Isso é essencial para qualquer um que deseje se tornar um milionário.

Não é nossa intenção ofender alguém, mas temos a definição exata de quem é burro, inteligente e gênio. O burro é aquele que erra e não aprende, continua errando. O inteligente é aquele que erra muito, mas não repete os mesmos erros. E o gênio é aquele que nem precisa errar, pois aprende com os erros dos outros. A grande questão é que precisamos errar mesmo. Errar não é errado, você não precisa ter medo. Quanto mais você errar, melhor. Só não cometa os mesmos erros.

Eu, Pablo, sempre incentivo meus colaboradores e as pessoas que estão à minha volta a errar e a não se punir porque erraram, mas a aprender com o erro. Vejo o erro como uma compra de dados. É isso que precisamos fazer, e é o que fará você ter sucesso. Precisamos aplicar a filosofia de, a cada novo ciclo de iteração, melhorar algo. Foi o que fizemos em nossas empresas, e é o que fazemos no desenvolvimento dos nossos produtos e após um lançamento de infoproduto. Sempre devemos buscar entender o que fizemos, o que planejamos e executamos quando fomos para o campo de batalha e nos perguntar: "Quais foram os pontos positivos? O que realmente trouxe resultados? E o que não deu certo? O que deu prejuízo na operação? e, enfim, se perguntarem: O que não funcionou? O que não deu o resultado que poderia ter dado? E por que não deu?". Quando repetimos esse ciclo de perguntas, corrigimos a rota a fim de amplificar o resultado.

Todas as vezes que você pratica alguma ação ou em todo final de projeto, o importante é sentar com seu time e fazer um brainstorming com esses questionamentos e, enfim, se perguntarem: "O que poderíamos fazer agora que também daria resultados?". Anote todas as informações de gastos de energia que não geraram resultados positivos. Perceba se o resultado foi muito baixo a ponto de não ter valido o esforço de energia, tempo, dinheiro e aponte tudo o que não pode se repetir em um novo processo. Isso vai fazer você crescer. É melhorar um pouquinho a cada dia, um por cento todos os dias.

Você não é obrigado a nascer e gerar resultados logo de cara, tampouco é obrigado a criar o primeiro produto e explodir. Mas, se quiser crescer, tornar-se relevante e ser um milionário, é importante aplicar a filosofia de melhoria contínua, desenvolver-se, melhorar e evoluir o tempo todo. Isso sim é obrigação sua. Pode até ser chato e doloroso, mas é porque crescer dói.

Faça uma autoanálise. Não é tão simples perceber os nossos próprios erros, por isso é preciso envolver outras pessoas do projeto, já que por vezes elas identificarão erros que você não observou e, a partir disso, anular ou mitigar o que deu errado a fim de potencializar o que deu certo e poder continuar crescendo. Você precisa ser inteligente! Aprender com os próprios erros e não repeti-los — isso é uma característica dos milionários. As pessoas não nascem assim; é importante treinar para adquirir essa habilidade.

Vou contar um episódio que aconteceu comigo, Marcos, e com um dos meus colaboradores, para que fique enraizado em sua mente. Comecei o *feedback*: "Mano, com relação ao que desenvolvemos semana passada, naquele projeto nosso, eu dou a você uma nota 8, 9. Você mandou superbem. Mas nesta semana eu dou nota 2 para tudo que está acontecendo". Ele disse: "Poxa, nota 2 é muito baixa!". Respondi: "É porque eu pedi que você fizesse x, y, z, e você não executou nada do que eu pedi, não é?". Ao que ele concluiu: "É verdade!". Então, repassamos juntos todas as tarefas que estavam pendentes. No fim do dia, esse colaborador as realizou e me disse: "Cara, olha aí, eu fiz tudo o que você me pediu. Logo, minha nota subiu de 2 para 8". Retruquei: "Claro que não! Você está sendo medíocre, está fazendo só porque te cobrei. Você subiu de nota 2 para nota 6. Está só passando de ano, apenas cumprindo tabela. Para você ser nota 8, 9 ou mesmo 10, precisa produzir além do que lhe foi solicitado. Do jeito que você está agindo, não passa de uma pessoa reativa. Você tem que ser uma pessoa proativa, tem que ter antevisão para conseguir 8, 9 ou 10".

Antevisão e proatividade andam juntas, mas são conceitos distintos. Antevisão é você se preparar para algo que tem muita probabilidade de acontecer. Isso permite que você gerencie e economize vários recursos. Por exemplo: um cara com antevisão normal, antes de saltar de paraquedas, dá uma olhada na previsão do tempo. Liga para alguém que está na região onde ocorrerá o salto e pergunta como está o clima por lá. Se não fizer isso, ele corre o risco de sair de casa, viajar 100 km e perder o dia. Vai perder tempo. Ou então, vamos supor que você seja pai de família e chega o tão esperado dia de viajar, de vocês irem para sua casa de praia. Ao chegar lá, talvez o tanque de combustível do carro já não esteja tão cheio. Então, assim que tiverem chegado e arrumado as coisas, você vai diretamente ao posto de combustível para encher o tanque. Tem gente que chega de uma viagem e não enche o tanque do veículo. Se acontece um imprevisto – um filho se machuca ou você mesmo se machuca –, você tem que pegar o carro e talvez precise parar no posto para conseguir chegar ao hospital. É um erro. Quem tem antevisão abastece antes. Antevê. Age evitando o que pode ser evitado.

Quem se antecipa governa!

Uma pessoa proativa faz antes de ser pedido, ou seja, antes de existir a necessidade, já fez. Como já sabia o que deveria ser feito, foi lá e executou. Quando o gestor na empresa pede algo, essa pessoa sempre diz que já se antecipou e fez. É o cara que não espera o último horário para fazer, ele se antecipa e faz o quanto antes. Por exemplo, se todo dia 10 o aluguel tem que ser pago, uma pessoa pontual paga no dia 10. Uma pessoa proativa paga no dia 9. O proativo nunca deixa nada para a última hora.

Quem tem antevisão, ao estacionar o carro em uma ladeira, além de estacionar o veículo, o deixa engatado, puxa o freio de mão e gira 100% do volante para o pneu ficar encostado na guia, porque se o carro desengatar, ele vai ficar parado, não vai descer ladeira abaixo. Esse é um cara com antevisão – ele dá um passo à frente de outras pessoas, é um estrategista, um jogador de xadrez que está sempre preparado para sua próxima jogada.

Quem tem antevisão e proatividade consegue fazer um *debriefing* do mundo, aplicando o ciclo do extraordinário, que inclui a filosofia *kaizen,* e rodando o PDCA em cada tarefa, projeto, empresa, em cada passo que dá. Essas são as pessoas que ficam caçando os defeitos da operação, corrigindo e buscando pontos de melhoria para que, quando chegar o momento de repetir determinado projeto ou evento, os pontos de melhoria estejam muito claros e já exista a antevisão do que precisa ser executado.

Quem são as pessoas que conseguem ser proativas e ter antevisão? Ninguém nasce assim, mas são habilidades que podem ser desenvolvidas. Você pode treinar seus filhos e seus colaboradores. Para ser proativo e ter antevisão, é necessário ter maturidade, independente de idade: o que importa são a qualidade e a quantidade de experiências que você teve ao longo da sua vida. Se você ficar escondido, não antecipará sua curva de aprendizado, não terá novas experiências, não aumentará seu repertório e, consequentemente, não ampliará a sua visão para antecipação de fatos.

Donos de empresas ousados antecipam o futuro de forma disruptiva, valendo-se da antevisão, criando um marco temporal e deixando em desuso o que existia até então, como, por exemplo, fez Steve Jobs quando criou o iPhone sem botões e fez com que o BlackBerry ficasse obsoleto.

Existe também a inovação que surge através da antevisão, questionando o que já existe e fazendo com que o processo permaneça em um ciclo de melhoria constante, potencializando acertos e eliminando erros.

Treine, aplique isso em seus negócios e na sua vida. Queremos que você deixe de ser reativo e se torne uma pessoa proativa, com antevisão, que prevê o que deve acontecer e, ao aplicar a filosofia *kaizen*, consiga ter antevisão das coisas que estão acontecendo, tornando-se uma pessoa diferente. Esse é um ponto comum aos milionários. Pouquíssimas são as pessoas que nascem milionárias (como os herdeiros, e não é deles que estamos falando). Nós, Pablo e Marcos, não nascemos milionários. Somos apenas caras que aplicaram o PDCA e aplicamos a espiral ascendente em nossa vida, em nossos projetos e empresas e em nossos produtos o tempo todo.

Nosso primeiro lançamento, que foi também nosso primeiro produto, não nos rendeu um milhão, mas 132 mil reais. A partir desse resultado, corrigimos a rota. Verificamos o que poderia ser ajustado para que o próximo fosse melhor, até alcançarmos os milhões — pondo a mão na massa e corrigindo a rota. A vida é um jogo de golfe, mas você não é obrigado a acertar a bolinha no buraco logo na primeira tentativa: de tacada em tacada, você corrige as rotas. Se o buraco estiver a noroeste quando você bater na bolinha e ela for para o norte, será a oportunidade de você corrigir a rota até acertar o alvo.

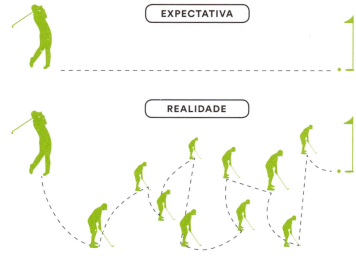

TAREFAS

Liste os projetos que você sente que são promissores, mas que não têm dado o resultado esperado.

_____
_____
_____
_____
_____
_____
_____
_____
_____
_____

Que melhorias você pode aplicar a fim de que esses projetos deslanchem? Por quê?

_____
_____
_____
_____
_____
_____
_____
_____
_____
_____
_____
_____

CÉREBROS
FAZEM
SEXO

O *Atomic Brain* (ou explosão cerebral) acontece quando existe um choque de ideias entre dois cérebros. Da mesma forma que um homem e uma mulher fazem sexo para gerar uma criança, o seu cérebro precisa fazer sexo com outros cérebros para produzir novas ideias. Eu sei que parece estranho, mas sabemos que o seu cérebro vai entender e gravar esse conceito. As ideias fazem sexo: essa é a verdade.

A explosão cerebral acontece quando misturamos as ideias como se fossem bombas que, para explodir, precisam da combinação de alguns elementos.

No momento em que escrevemos, estamos pensando muito em você, na entrega que faremos para ajudá-lo a dar um salto quântico na sua vida. Saiba que consideramos você nosso amigo ou amiga.

E, como nos tornamos amigos, eu, Pablo, vou agora contar que estou sofrendo, neste exato momento, com muitos gases. Nem preciso dizer que eu e o Marcos estamos rindo muito. Se há uma coisa que não está legal neste avião é o fato de ele não ter bancos adequados para este tipo de situação. Seria interessante se existissem estofados com tecnologia utilizando carvão, que elimina os odores dos gases.

Mas antes que você pergunte o que isso tem a ver com o livro, já respondo que tem tudo a ver: toda explosão libera gases, e nós explodimos em tantas ideias que meu corpo necessita soltar esses gases. Você pode considerar essa uma informação nojenta e desnecessária, mas a verdade é que existe uma grande conexão entre nós e você, e por isso temos liberdade para falar sobre isso. Estamos dividindo este momento pois sabemos que, com tudo que estamos ativando na sua mente, fazendo as tarefas e seguindo as orientações que estamos lhe transferindo aqui, você irá explodir na vida. Estamos em conexão com você. Alguns milhões de reais que eu e o Marcos ganhamos juntos são fruto exato de nossa conexão.

Uma dica: ninguém tem ideias sozinho. Nunca conheci alguém que tenha tido uma ideia cem por cento própria, genuína e exclusiva. Isso não existe e nunca existirá. Você pode ouvir uma pessoa lhe falar algo em um ano e executar no outro, e achar que a ideia é autoral, mas ela não é, porque na verdade as ideias são sementes.

No ano passado, ganhei 569 mil reais em apenas uma ação, uma tacada que durou poucos minutos. Aprendi essa tacada digital em um *Atomic Brain*. O cara falou a coisa mais simples de todas e eu pensei: "Vou fazer a mesma coisa!". Nós fizemos e explodiu, foi chocante. Fiz *Atomic Brain* com bilionários em Orlando, na Flórida, e também faço na minha casa, sempre me conectando com as pessoas.

Usamos esse recurso para nos conectarmos com outros cérebros. É importante compreender que nos conectamos com pessoas que nem sempre nos trarão resultados financeiros no curto prazo, mas que poderão trazê-los no futuro. Tudo é uma semente, todas as ideias são sementes. Não se valorize em excesso a ponto de se idolatrar. Você pode ter potencial, mas, se matar as sementes, não vai adiantar nada. Seja humilde para colher os frutos, não importa por onde ande.

Como o Marcos sempre diz, as ideias têm valor baixo, assim como as sementes. Um fruto, o resultado final, tem mais valor. A ideia tem que ser plantada, cultivada, para aí sim ter valor. O problema é que sem as ideias não conseguiremos colher fruto algum.

Como executivo, percebi, ao longo dos anos, que as ideias não valem nada. Mas, acredite, há pessoas que não as têm. Pense no perfil de uma pessoa sem ideias, sem criatividade alguma. Por si só ela não vale nada. Tem um grande valor para Deus, mas na Terra não terá valor. Os outros não darão crédito para ela, e, de fato, precisamos de créditos. Não falo de aprovação, mas para fazer diversas coisas é imprescindível ter credibilidade.

Há algo que costumo falar para os meus alunos: existem as pessoas das ideias, as pessoas do recurso e as pessoas que não têm nada. A estas não restará muito exceto serem mal remuneradas, seja pelas pessoas das ideias, seja pelas pessoas dos recursos. Agora, acredite: quem não tem nenhum dos dois não tem habilidade nenhuma também. Então, existem três tipos de pessoas: as que têm a ideia, as que têm o recurso e as que têm a habilidade de execução. Nem vou te falar que talvez existam pessoas que não tenham nenhum dos três, e, pior ainda, acredito que a grande maioria das pessoas no mundo não tenha nem recurso nem ideias. Muito provavelmente elas estão trabalhando para os que possuem ideias e recursos.

Perceba que, se houver uma pessoa com ideia, recurso e habilidade de execução, já era! Ela domina tudo o que quiser. Aí está um segredo.

Comece a fazer *Atomic Brain*! Essa é uma das tarefas que queremos deixar: convide pessoas que discutam ideias. Lembre-se de que pessoas medíocres falam de coisas; pessoas de baixo nível intelectual falam de pessoas; e pessoas extraordinárias falam sobre conquistas. Elas estão sempre caminhando em busca da excelência, seja em que área for, profissional ou pessoal.

A grande questão é quem você vai escolher para explodir seu cérebro. Por exemplo, se você é a pólvora, não escolha pessoas que sejam como a água, porque elas vão molhar a pólvora, que vai demorar muito para secar. Escolha aquelas que são faíscas.

Durante nossa viagem, nós nos reunimos em Orlando por quatro horas com o Flávio Augusto. Ele foi uma faísca que explodiu nosso cérebro. Foram quatro horas que nos renderam anos de experiência, abriram nossos olhos para o que não estávamos enxergando ainda. Resumindo tudo em uma única palavra, podemos dizer que nossa reunião se baseou em equity. Quatro horas que nos colocaram anos-luz à frente. Consegue compreender a importância de as ideias fazerem sexo? Mas a "ideia pela ideia" não vale de nada, porque, se não tivermos um plano, não a colocarmos em ação e não a testarmos, a reunião não terá passado de um mero encontro casual.

Ao sair da casa do Flávio Augusto, no aeroporto, começamos a aplicar os aprendizados que adquirimos: compramos algumas empresas e, assim, estávamos consolidando nosso equity.

A lição é a seguinte: as ideias fazem sexo. E, para se cruzarem, nossas ideias têm que parecer sexy, despertar desejo em alguém. Você tem que ser atraente para as pessoas certas se quiser compartilhar suas ideias e ouvir as delas.

Cuidado com quem é água se você for óleo: água e óleo também não se misturam, do mesmo modo que pólvora e água não podem se misturar. Só existe um componente que faz os dois ficarem juntos: o trigo. No entanto, se a semente do trigo não cai no chão, não se transforma e não produz, e isso é um código espiritual. Quem tiver esse valor vai saber do que estamos falando. Ao misturar o óleo, a água e o trigo novo que brotou, tudo funciona. Fora isso, meu amigo, será preciso usar a física, a lógica normal das coisas, senão você não vai conseguir prosperar.

As ideias fazem sexo, e isso é criatividade. Se um cérebro se choca com outro, torna-se criativo, e a grande realidade é que ninguém cria nada do zero. Ser criativo não é criar, é combinar. Então, a primeira coisa de que você precisa para se tornar uma pessoa criativa são referências, aumentar o seu repertório cultural. Mas o que é repertório cultural? É tudo aquilo que está formando os seus conceitos. Por exemplo, os seriados a que você assiste na Netflix, filmes, vídeos que você vê, novelas, livros que lê, as pessoas com quem você conversa e se conecta... Tudo isso vai servir de insumo, de matéria-prima para você construir novas ideias, novos conceitos. Então você não cria nada do zero, você faz uma combinação do que já existe. Até na natureza é assim. Sempre reserve um tempo para investir em seu repertório cultural.

Lavoisier dizia: "Nada se cria, nada se perde, tudo se transforma". Você transforma as coisas a partir de outras coisas que estão servindo de referência para você. Por muito tempo, eu, Marcos, ficava puto porque o Pablo tinha sempre as melhores ideias, mas depois fui percebendo que ele não tem um supercérebro e que eu não tenho um cérebro deficiente: na verdade o Pablo tinha mais tempo livre, mais referências e mais repertório cultural do que eu. Até pela idade, pela quantidade de livros que ele já leu, a quantidade de pessoas com quem já conversou. E eu ficava o tempo todo focado no operacional, coordenando o time, fazendo acontecer com os meus próprios braços. Então percebi que o Pablo tinha boas ideias porque tinha momentos de ócio criativo.

    Segundo Domenico De Masi, se você vive ocupado, trabalhando o tempo todo, com a mente cheia de coisas para resolver, o cérebro não tem um momento de descanso. Para você ser criativo, precisa de três coisas: referência, repertório cultural e ócio criativo. Não pode estar no operacional, pois, sempre que está apagando incêndio e com a mente focada nas coisas que precisa resolver, seu cérebro não tem descanso e não consegue produzir novas ideias. Todas as vezes que eu e o Pablo vamos desenvolver um novo projeto ou produto, fazemos o nosso *brainstorming* enquanto nos divertimos, de preferência em algum lugar em que nunca estivemos, pois lugares inéditos geram experiências sensoriais diferentes, que permitem o fluir de novas ideias e, consequentemente, de novas estratégias. E é disso que você precisa, de pessoas que vão fazer você sentir um orgasmo intelectual.

TAREFAS

Liste o nome de duas pessoas com quem você convive que fazem seu cérebro explodir. (Se não conseguir listar ninguém, você está convivendo com as pessoas erradas.)

_____
_____
_____
_____

Cite três pessoas que você não conhece pessoalmente, mas que fazem seu cérebro explodir.

_____
_____
_____
_____
_____

Liste três assuntos nos quais você quer se aprofundar mais e duas pessoas ou marcas que são referência nessa área, para você consumir o conteúdo.

_____
_____
_____
_____
_____

MARCEM E ESCALA

Eu, Marcos, para entrar em um negócio ativamente, gastar minha própria energia e investir, obrigatoriamente tenho que perceber se dois requisitos básicos são atendidos: margem e escala. Vamos começar pela escala.

Você, que quer alcançar um milhão, me responda: de quantas horas trabalhadas num modelo tradicional, com salário mínimo, você precisaria para alcançar seu primeiro milhão? Fazendo as contas de quanto está o salário mínimo hoje, que é, mil e cem reais, você levaria exatos 74 anos, 7 meses e 28 dias para atingir o primeiro milhão trabalhando ininterruptamente. Levando em consideração que o brasileiro começa a trabalhar com dezoito anos de idade, você atingirá seu primeiro milhão com pelo menos noventa e quatro anos, mas quero te lembrar de que a expectativa de vida hoje do brasileiro é de oitenta anos, segundo o IBGE.

"Poxa, Marcos, mas este livro vai me ajudar a me tornar um milionário ou me distanciar do milhão? Essas contas me assustaram!" Que bom que você se assustou. Quanto mais doer agora, menos doloroso será no futuro.

A minha intenção não é assustá-lo ainda mais, mas não podemos nos esquecer de que parte do dinheiro que você ganha é gasta com alimentação, medicamentos, moradia, saúde e todas as outras necessidades básicas, e a conta que fizemos acima foi poupando cem por cento do salário.

Nem vou levar em consideração que a mentalidade que foi implantada na maioria das pessoas é a do trabalhador-consumidor, o que significa trabalhar para pagar aluguel, ter uma farta alimentação, comprar boas roupas, pagar uma escola particular para o filho — uma vez que a rede pública do nosso país tem muito em que melhorar — e, claro, ter pelo menos um carro popular.

Dessa forma, a pessoa passa uma vida inteira lutando para se manter nesse padrão, com comportamentos de quem faz parte da manada. Para essa massa, a conquista da casa própria é o mais evidente sinal de *status* e segurança. Queremos crer que você, que está lendo este livro, já não faz mais parte da manada que possui um teto salarial e tem o consumismo como estilo de vida, porque podemos afirmar que, mesmo se um ser humano tenha um milhão de horas de vida, suprindo suas necessidades básicas, é muito improvável que ele chegue a ter um milhão de reais.

Se você quer depender das suas horas trabalhadas para ganhar um milhão de reais, está se iludindo. Desculpe, mas essa é a verdade. É preciso ter um negócio escalável, ou seja, que não esteja vinculado ao seu tempo, à sua hora ou ao seu operacional (no próximo capítulo vamos ensinar quais são os três níveis para construir riqueza). Para ter escala, precisamos de um produto. Entenda: a caneta Bic custa um real. Se você vender um milhão de canetas, terá um milhão de faturamento, isto é, ganhará em escala. Não é necessário um milhão de horas para vender um milhão de canetas. Consegue-se produzir, em poucas horas, milhares ou até milhões de canetas, a depender do equipamento e da equipe de trabalho. Para ganhar em escala, é preciso empacotar aquilo que se sabe ou arranjar um produto.

> **Além de escolher algo que seja escalável, não se esqueça de analisar a margem de lucro do seu negócio. Essas duas variáveis devem ser consideradas para uma melhor tomada de decisão.**

O dono de um posto de gasolina consegue até vender muita gasolina em um dia, porém há um limite. Isso significa que o crescimento do custo é proporcional, de acordo com a receita, pois existe um tanque subterrâneo no posto com uma capacidade máxima de gasolina. Veja: em um posto de gasolina que paga em média 87 centavos de imposto e que tem 1,03 real livre, a margem de lucro é 20,6%; isso sem calcular os custos fixos e variáveis, que, quando são adicionados, costumam deixar esse lucro entre 5 e 11%.[3] Então, não é um negócio escalável, muito menos com uma grande margem de lucro. Por que estou falando isso? Porque eu, Marcos, não investiria nesse tipo de empreendimento como meu primeiro negócio, dedicando minha energia e meu tempo. Nada me impede de, no futuro, tornar-me sócio investidor de negócios como postos de gasolina, mas eu jamais operaria ativamente em um. Os donos de postos de gasolina são milionários porque,

---

3   "Qual o lucro de um posto de gasolina?" *Montar um negócio*, 14 jan. 2021. Disponível em: https://www.montarumnegocio.com/qual-o-lucro-de-um-posto-de-gasolina/.

apesar de a margem de lucro ser muito baixa, eles conseguem vender em grandes quantidades.

Queremos chamar sua atenção para o fato de que você precisa buscar um negócio escalável e com uma excelente margem de lucro. Se você é um profissional liberal, com certeza troca sua hora por um valor, seja você um bom advogado ou um bom médico. O médico é o maior profissional trocador de horas, e também o maior iludido que existe, porque ele acha que ganha bem, mas está vendendo a sua hora. Se ele receber quinhentos ou até mil reais por consulta, ainda assim estará limitado não só pelo seu próprio tempo de vida como por outras questões ligadas ao mercado em que atua. Isso inviabiliza bastante o processo da conquista do seu milhão.

Perceba como é importante ter algo escalável e com uma boa margem de lucro. A margem é aquilo que sobra de lucro após serem descontados todos os seus custos, despesas com produção, matéria-prima, funcionários e impostos. Se realmente optar por não brigar por margem, você vai desistir de negócios tradicionais, negócios com cooperações e logísticas pesadas e perecíveis.

Não é que sejamos contra os negócios tradicionais ou que o mundo digital esteja contra o mundo físico. A verdade é que o modelo tradicional não suporta mais os altos custos fixos como aluguel, impostos, encargos de folha de pagamento e tudo o mais que sabemos que inviabiliza ou posterga o enriquecimento de um empreendedor. Para você ter noção, recentemente disparamos 320 mil ligações em apenas um dia usando um *software* para realizar recuperação de receita de um produto. Para isso, precisamos apenas de um funcionário que apertou o botão e deu todo o comando. Esse é o poder da tecnologia. Se não tivéssemos um *software*, precisaríamos de pelo menos 1.250 pessoas para fazer isso em um dia, sem mencionar toda a logística pela quantidade de telefones, espaço físico para o trabalho, alimentação e várias outras despesas. Então, esse é um dos motivos pelos quais aconselhamos você a investir a sua energia e os seus recursos em negócios com escala e margem.

Bons exemplos de empresas com modelos escaláveis são WhatsApp, Nubank, Facebook, empresas de educação, xGrow, Panda Video, Eventex, Airbnb, xp e outras com as mesmas características apresentadas no gráfico a seguir.

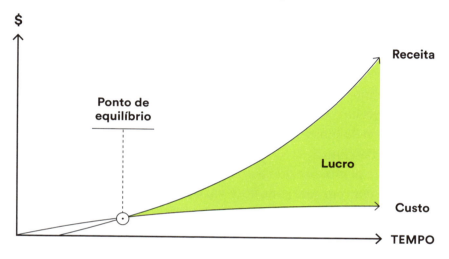

O WhatsApp, por exemplo, tem o custo atual (em setembro de 2021) de operação de cinquenta e cinco funcionários, mas o valor da empresa está em constante crescimento. O custo do WhatsApp "embarrigou", ou seja, tem crescido em proporção infinitamente menor que o crescimento do *valuation*/receita. O custo da empresa é praticamente o mesmo para ter vinte mil usuários, cem mil, um milhão, quinhentos milhões e dois bilhões de usuários. Então, o *valuation* aumenta e o custo praticamente não cresce. Esse gráfico chamamos de boca de jacaré.

Para explicar como funciona um negócio escalonável, vamos usar dados hipotéticos de uma lanchonete com foco em sanduíches. Suponhamos que o custo inicial de implementação de uma lanchonete seja de trinta mil reais com reforma e compra de materiais, e que o custo variável, operando em capacidade máxima, seja de vinte mil reais por mês, já incluídos os custos com funcionários, água, energia e matéria-prima. Considerando que o faturamento total, com a lanchonete trabalhando em capacidade máxima, é de sessenta mil reais, após o *payback* esse negócio dá quarenta mil de lucro por mês. Tendo em conta que essas proporções são as mais rentáveis do negócio que você escalar, o próximo passo será abrir uma nova unidade. E assim nasce um modelo de franquia ou rede para crescer negócios escalonáveis. A diferença no gráfico entre um negócio escalável e um escalonável é gigantesca: no negócio escalonável, o custo não embarriga e cresce proporcionalmente de acordo com a receita.

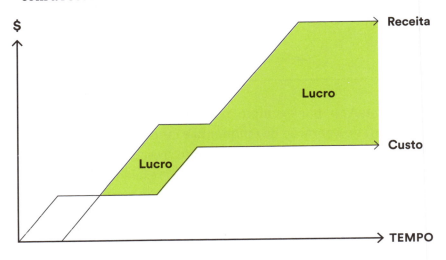

Se quiser algo escalável com margem, com certeza você terá que transcender a mentalidade empreendedora tradicional para algo relacionado com tecnologia ou marketing digital.

TAREFAS

Calcule quantos anos você demoraria para fazer um milhão de reais com o valor que ganha hoje. Siga este modelo:

- Renda anual = renda mensal × 12.
- Quantidade de anos para faturar um milhão de reais. = 1.000.000,00 / renda anual.

Liste três produtos ou serviços que podem ser escaláveis para você.

Desses produtos ou serviços listados, quais apresentam uma margem de lucro que você considera interessante? Avalie a possibilidade de executar essa junção em um projeto.

O CATALISADOR DO MILHÃO: N1, N2, N3

No capítulo anterior, os cálculos feitos foram baseados em dados estáticos. Agora, ensinaremos você a exponenciar.

Você é um trabalhador? Acha que isso é vantajoso?

Uma coisa que já ouvimos foi que "quem trabalha não tem tempo para ganhar dinheiro". Pode ser que você fique ofendido com essa frase, assim como nós ficamos quando a ouvimos. Talvez, neste momento, você esteja com raiva. Mas, se você for livre e de mente aberta, poderá entender e ir para o próximo nível. Não estamos criticando quem trabalha e vamos explicar por quê.

Existem três níveis, três formas de construir riqueza. Ser trabalhador não é um problema, inclusive é uma qualidade. Só não queremos que você seja um trabalhador a vida inteira por desconhecimento ou falta de opção.

É preciso ter mentalidade aberta para entender o que vamos dizer agora. Afinal, depois de tudo o que compartilhamos neste livro, desejamos que tenha maturidade suficiente para aprender algo novo. Até porque, se quer ter novos resultados, você precisa aprender coisas diferentes.

E por que quem trabalha não tem tempo para ganhar dinheiro?

Bem, você está trabalhando e é mal remunerado por isso, a não ser que tenha uma grande especialidade. Então, o que tem que fazer é passar para o Nível 2 e começar a empreender.

O Nível 1 (N1) é o do trabalho. Quem trabalha está ocupado, está no operacional e não consegue ser bem remunerado. São raríssimos os casos de quem se torna um milionário vendendo horas.

O Nível 2 (N2) é empreender. Você coloca outras pessoas para trabalhar com você ou para você, consegue ganhar mais e foca o lucro, que gera mais renda do que horas trabalhadas.

O Nível 3 (N3) é investir.

Você pode estar se perguntando: "Mas esses caras fazem o quê? Vocês estão criticando o trabalho?". Não estamos criticando o trabalho. Não seja ingênuo! Nós fazemos o N1, o N2 e o N3 e estamos lhe dando um toque para que não fique no N1 para o resto da vida. Se realmente quer ser milionário, você deve arriscar e ir para o N2 ou até mesmo para o N3.

Afinal, você acha que vamos ficar presos a um nível? NÃO!

Faça como os grandes fazem: N1, N2 e N3 concomitantemente.

Quando eu, Marcos, estou palestrando em um palco ou dando treinamento, querendo ou não estou vendendo a hora, estou no N1, trabalhando e sendo muito bem remunerado por isso.

Quando estou na minha agência lançando outras pessoas e nas minhas outras empresas, estou no N2, ou seja, empreendendo, pois estou gerenciando um time e gerando riqueza.

O dinheiro do trabalho vai ser o seu capital de giro inicial, então o ideal é aproveitá-lo para empreender e investir. Então, não seja ingênuo. Quando eu, Marcos, pego o meu dinheiro e coloco na bolsa de valores, e tenho outras pessoas gerenciando isso tudo para mim, aplicando em loteamentos, leilões etc., eu me torno N3, investidor. Trabalhar é bom, sim, e pode ser só uma fase. A escolha é sua. Até quando você vai ficar somente no trabalho? Se estiver satisfeito, tudo bem! Se não estiver, tem mais dois níveis para você subir.

O N3, investir, é atingido quando você coloca o dinheiro para trabalhar para você, e ele se multiplica. Ao investir, você não está ativamente tomando conta da operação do dinheiro: você pode comprar uma ação na bolsa de valores e ter rendimentos, você pode comprar imóveis em leilões e revendê-los. Além do mais, você mesmo pode participar ativamente do investimento.

> **Uma pessoa com inteligência financeira sempre tem múltiplas fontes de renda.**

Talvez você não saiba, mas lá no começo, aos quinze anos de idade, eu, Marcos vendia sapatos na feira, ou seja, eu era N1. A melhor forma de você se tornar N3 é começar no N1, como todo mundo. Quem nasce grande é monstro! Só uma pequena parcela da população, de fato, nasce rica. A maior parte dos ricos passou pelo N1, pelo N2 e pelo N3 e, hoje, que sou simultaneamente os três, há horas em que eu trabalho, e em outros momentos estou investindo e empreendendo com meu próprio dinheiro, nos três níveis. A grande sacada está nisto: usar o trabalho como trampolim para você poder empreender e investir.

TAREFAS

Em qual nível você se encontra hoje?

Se estiver no N1, estipule uma data para ir para o N2 ou o N3.

Escolha uma pessoa com quem você deve se conectar e liste por que ela pode ajudá-lo a chegar ao nível que deseja.

POR QUE AS PESSOAS NÃO ATINGEM O MILHÃO?

Inacreditavelmente, isso acontece por causa da mentalidade financeira que possuem. O que está instalado na sua mente sobre o dinheiro é o que faz você não prosperar, sabia?

Imagine um MacBook Pro superpotente de última geração que vale cinquenta mil reais, mas que tem o sistema operacional Windows 95: esse computador funciona direito? Assim é você com sua mentalidade financeira. Está explicado o motivo de você não prosperar. Mentalidade errada produz crença errada, que produz resultados errados.

> **Mentalidade significa potência. Sem a mentalidade adequada, você fica como um carro de corrida com motor 1.0. Tenha a mentalidade aberta, livre e editável, como o sistema operacional Linux.**

Uma das crenças financeiras mais terríveis que conhecemos origina-se de uma frase simples. Caso seus pais tenham falado para você, durante a sua infância, "não mexa com dinheiro porque ele é sujo", seus resultados financeiros podem ser um fracasso pelo fato de você ter essa ideia instalada no seu inconsciente.

Outra grande crença é a de que o dinheiro é a raiz de todos os males. Mas a palavra de Deus é clara quando diz que o amor ao dinheiro é o verdadeiro mal. Muitos enxergam o dinheiro como o seu senhor, mas veja: a sua lente está embaçada. Limpe-a e veja que, na verdade, o senhor é você! E que o dinheiro é seu escravo, quem manda nele é você.

Cada um enxerga a vida por meio das lentes que possui. Essas lentes são moldadas de acordo com as experiências pessoais de vida de cada um. Muitos crescem com a escassez instalada por pais e parentes. Afinal, se você não acha que determinado estilo de vida é para você, então não tem como acessá-lo, por isso é importante que mude o seu *drive* mental.

Todos os pensamentos que você traz desde a infância são como flechas que giram de forma aleatória na sua cabeça. Elas agem de modo inconsciente, gerando um efeito colateral que você não consegue captar, pois ele não é palpável. Você só é capaz de perceber a sua existência quando decide mudar alguma coisa, e esse efeito se mostra imponente diante de você, como uma barreira impedindo de alcançar seus objetivos. Por exemplo: o fato de você não ter dinheiro na carteira agora mostra um efeito. Qual? Escassez. No entanto, você não consegue compreender os motivos pelos quais não tem dinheiro, porque, na verdade, trata-se de um bloqueio: o bloqueio gerado pela escassez.

A escassez pode ter começado lá na casa dos seus pais, onde você cresceu acreditando que sempre estavam faltando coisas, que vocês não teriam condições ou que acabariam ficando pobres. Esse é um sistema de crença poderoso que cotidianamente é instalado e reforçado no seu inconsciente. Ainda que você não tenha vivido com essas dificuldades, é mais fácil reforçar o medo de ficar sem recursos do que pensar o contrário.

Se você não possui nada e nunca aceita receber presentes, esse é um grande indício de que você tem o bloqueio de escassez instalado. Então, a primeira coisa que recomendamos é focar o efeito/resultado, pois ele aponta a proximidade do bloqueio. É necessário localizar esse bloqueio. Uma vez que ele é encontrado, é possível voltar ao evento, ou seja, ao trauma que ocorreu no decorrer da sua vida. Se você conseguir ir direto ao primeiro evento que causou o trauma, isso fará total diferença na sua vida.

E onde fica tudo isso em nossa cabeça? Em um lugar chamado córtex visual. Esse é o local onde o judeu coloca o quipá, e também onde se instala o córtex cerebral, uma espécie de caixa-preta cheia de informações. Quando você consegue se conectar com essas informações, precisa trocá-las.

A escassez pode ter sido instalada em você caso tenha conhecido algum rico mesquinho que o levou a associar a riqueza a um sentimento ruim, de nojo até. E essa conexão o marcou fortemente. O que você não entende é que essa pessoa só parece próspera; na verdade, ela não é. Prosperidade é sinônimo de abundância, e o natural na vida da pessoa próspera é fazer tudo ao seu redor crescer e prosperar — não o contrário. Por exemplo, a escassez pode ter sido instalada em você a partir de algo simples que os pais fazem com os filhos, como dizer: "Não use a cartela de remédios inteira, use menos, para usar depois se ficar doente".

De acordo com o psicólogo professor estadunidense Robert Cialdini, o ser humano tem seis gatilhos cerebrais poderosos, e um deles é o da escassez.[4] A escassez é boa no processo de marketing de vendas, mas é terrível quando você vive com ela. Veja um exemplo.

Se alguém disser "Últimas vagas", mesmo sem saber do que se trata, seu cérebro já será atraído por isso. Ou seja, a escassez é natural, e, quando configuramos nosso cérebro, ela piora. A terrível dica que damos é: se você não configurou seu cérebro, precisa fazer isso.

Elimine tudo aquilo que atrasa a sua vida e o deixa estagnado, parado no mesmo lugar. Limpe a sua lente de todas as marcas e rachaduras que fizeram você crescer acreditando que não pode chegar a determinados lugares e alcançar algo maior.

E como se muda a mentalidade? Instalando o sistema operacional correto. *Mudando.* O que está na sua mente determina a sua forma de ver o mundo e de reagir a ele. A sua mentalidade determina o seu resultado. Você pode até vestir boas roupas e comer em lugares legais, mas, se a sua mentalidade está errada, vai continuar sem prosperar.

Lembre-se de que prosperar não se resume a dinheiro: tem a ver com crescer em todos os caminhos.

Ande com pessoas que têm a mente renovada, ou seja, com o sistema operacional que você precisa ter. Se você continuar andando com quem ainda tem o Windows 95 instalado, nada vai

---

4   Os outros cinco gatilhos, de acordo com o estudo realizado por Robert Cialdini sobre as táticas utilizadas por vendedores para persuadir seus clientes, são a reciprocidade, a coerência, a aprovação social, a afeição e a autoridade. [N.E.]

mudar. Com a internet, hoje você pode seguir e se modelar a partir de pessoas pelas redes sociais. Siga perfis com mentalidade próspera e que tenham princípios e valores iguais aos seus. Cuidado para não modelar e seguir gente "dinheirista": antes de consumir qualquer conteúdo, observe princípios e valores. Outra forma de mudar de mentalidade é lendo livros. Procure por grandes autoridades em finanças e empreendedorismo e instale novos códigos sobre finanças, inspirado nesses autores. Tenha também a mentalidade aberta, livre e editável. Mude sua mentalidade com o passar do tempo, pois as coisas podem se transformar muito rápido. Se quer ter uma mentalidade financeira boa, nunca pare de estudar sobre dinheiro.

Se você está lendo este livro, é porque quer alcançar o milhão, por isso agora preciso falar com você sobre a função exponencial. O objetivo que almejamos vem de um resultado explosivo, mas de maneira bem efêmera, singela e ignorante nós nos esquecemos de entender o funcionamento da função exponencial.

O crescimento de uma função exponencial pode ser comparado, para efeito ilustrativo, com o crescimento da covid-19, que em pouco tempo se alastrou e alcançou todo o mundo.

No começo, a curva é lenta, ou seja, se o eixo X é esforço e o Y é resultado, no começo temos muito esforço para pouquíssimo resultado. O início do gráfico exponencial corresponde ao momento em que nos esforçamos, quando somos totalmente criticados e as pessoas não nos entendem. Nessa fase são necessárias renúncias, falar muitos "nãos" para os amigos, para as festas, o prazer imediato e tudo aquilo que nos tira o foco do propósito, do alvo, e, então, temos um pouquinho de resultado. É nesse período que temos mais vontade de desistir: você acha que não está fazendo a coisa certa, sente dores e pensa várias vezes em jogar tudo para o alto.

Por que você não consegue ter um resultado expressivo explosivo exponencial? Porque você está no começo da função exponencial. Mas você precisa persistir, porque depois do começo difícil acontece uma inversão, e, quanto menos esforço você faz, mais resultado alcança. O vídeo a seguir explica bem esse processo:

Aponte a câmera do seu celular para o QR code e assista ao vídeo.

No início você fará muito esforço e terá pouco resultado. Depois, fará pouco esforço e terá muito resultado. Isso ocorre nas companhias, no movimento dos produtos dentro das empresas e na construção do patrimônio. Você pode demorar cinco, dez, quinze, vinte, trinta anos para bater o primeiro milhão, mas do primeiro milhão para o segundo é um tempo infinitamente menor do que do zero para o primeiro. Do segundo milhão para o terceiro é menor ainda, e assim sucessivamente. Se você analisar o histórico financeiro dos milionários, é exatamente isso que vai constatar.

Eu, Marcos, demorei vinte e dois anos para bater o meu primeiro milhão, mas para bater o segundo foram menos de três meses. O Pablo levou 27 anos para bater o primeiro milhão, mas até o segundo foi bem menos tempo. Isso retrata o crescimento exponencial, e o que faz as pessoas não terem resultado exponencial é justamente desistir quando estão no ponto inicial do gráfico, no começo, quando há muito esforço e pouco resultado.

Faça aquilo de que não gosta para ter o resultado que quer!

Este é o nosso estilo de vida: fazer as coisas de que *não* gostamos para termos o resultado que queremos! Para eu ter o resultado que tenho, para conquistar o que conquistei e para ser quem eu sou, por muito tempo tive que dizer não para tudo aquilo que tinha vontade de fazer, mas que era prazer imediato. Tive que dizer não para várias oportunidades e desejos para fazer aquilo que tinha que ser feito. Você tem que trabalhar com o que ama, e mesmo assim precisará fazer o que não gosta de fazer. Você pode me dizer: "Marcos, eu só queria fazer o que eu gosto". Aí eu vou ter que responder: "Então você é apenas uma criança".

Criança faz o que quer, adulto faz o que precisa ser feito! Ser milionário é coisa de adulto.

TAREFA

Quais pensamentos e crenças precisam ser transformados em sua mente para que você viva um novo nível financeiro?

_____
_____
_____
_____
_____
_____
_____
_____
_____

Identifique um desafio que enfrentou na sua vida e que, hoje, você entende que desistiu antes da hora, ou seja, antes de o resultado exponencializar.

_____
_____
_____
_____
_____
_____
_____
_____
_____

ATIVAÇÃO FINAL

Quando escrevemos este livro, queríamos entregar nossos esforços e nossas intenções de modo a conectar a sua mente com a nossa, para, assim, você experimentar um grande e irreversível *Atomic Brain*. Além dos nossos resultados pessoais, estamos conectados a pessoas que romperam com o modelo de negócio tradicional e que ultrapassaram a marca do bilhão, mostrando resultados incontestáveis para nos provar que é possível não só chegar como deixar pegadas que servem de modelo.

Ter atitudes assertivas que nos fazem acessar pessoas e informações corretas é mais fácil do que imaginamos: basta entender a energia do milhão, eliminar as opções que trazem a segurança do modelo tradicional e empregar todo o foco e energia nas ideias que já foram testadas. Basta, também, acreditar em suas ideias depois de testá-las aplicando o MVP e valorizando o networking, afinal ele pode nos dar acessos e muitas sementes que em algum momento vão germinar; por fim, é preciso considerar a margem de lucro e a escala do seu produto.

Queremos muito ver isso tudo acontecer na sua vida! Todos esses códigos sendo ativados e seu caminho aberto. Como o Marcos sempre diz: "Você pode comprar anos... uma vida inteira... ao pegar o conselho e a energia de alguém".

O CAMINHO
ESTÁ ABERTO
PARA VOCÊ
FAZER SEU
PRIMEIRO
MILHÃO!

TAREFA

Agora nos envie um *direct* pelo Instagram ou faça um *story* comentando o que você achou deste livro e nos marque (@eusoumarcospaulo, @pablomarcal1 e @buzzeditora). Ficaremos felizes em receber sua mensagem!

AGRADECIMENTOS

Agradecemos aos nossos sócios e colaboradores, que nos ajudaram ao longo da jornada rumo ao primeiro milhão. Muitos deles se tornaram grandes amigos, mostrando que o relacionamento e a vontade de servir pessoas vem muito antes do dinheiro. Foram pessoas que, no início, viram algo em nós que não conhecíamos, e nos deixaram participar e aprender com seus negócios.

Agradecemos também a você, leitor, que entendeu ser um milionário e foi despertado pelo desejo de fazer a diferença nesta Terra. Obrigado por confiar que nossos erros e acertos podem levá-lo ao seu primeiro milhão. E quando isso acontecer, repita o que fizemos aqui e transborde, ensine e continue servindo outras pessoas, para que elas também acessem isso e façam coisas ainda maiores.

FONTES Cindie Mono, Circular Std, More Pro
PAPEL Alta Alvura 90 g/m²
IMPRESSÃO Imprensa da Fé